Pour paraitre en Avril à la Librairie de Fournier.

SOUVENIRS

DE

MADAME LOUISE-ÉLISABETH

VIGÉE LEBRUN,

DE L'ACADÉMIE ROYALE DE FRANCE,
DE ROME ET D'ARCADIE, DE PARME ET DE BOLOGNE,
DE SAINT-PÉTERSBOURG, DE BERLIN, DE GENÈVE
ET AVIGNON.

3 VOL. IN-8 AVEC UN PORTRAIT.

De toutes les lectures, la lecture qui plait le
plus généralement est celle des souvenirs et
des mémoires, surtout, lorsque paraissant du
vivant de l'auteur, il est impossible de suspecter
leur véracité. Les gens de lettres y cherchent

des matériaux, précieux à tout espèce d'écrivains; les gens du monde y puisent une plus grande connaissance de la société dans laquelle eux ou leurs pères ont vécu. C'est pour ces motifs que les souvenirs de madame de Genlis, du duc de Lévis, et de plusieurs autres, ont été accueillis du public avec une si grande faveur.

Parmi les personnes à qui cette faveur doit s'attacher le plus, on peut bien certainement citer madame Lebrun que son grand talent, sa beauté, l'amabilité de son esprit ont placée dès son jeune âge au milieu des cercles les plus brillans de Paris. Madame Lebrun a vu passer et se presser autour d'elle toutes les célébrités de notre temps comme celles d'un temps qui n'est plus le nôtre. Tout ce que depuis un demi-siècle la France et les pays étrangers ont possédé de grands personnages, d'hommes distingués par le talent ou par l'esprit, madame Lebrun les a connus. Elle nous les fait connaître aujourd'hui dans les lettres que ses nombreux amis l'ont heureusement décidée à imprimer, et qu'elle écrivait à madame la princesse Kourakin, avec l'aimable abandon de la confiance et de l'amitié. Madame Lebrun est sans contredit la seule personne existante qui puisse parler tour à tour de la reine de France, de l'impératrice de Russie, de l'empereur Paul, de la reine de Prusse, aussi bien que de madame Dubarry, de l'abbé Delille, de Le Kain, et de cent autres, non sur des ouï-dire, mais pour les avoir vus vingt fois, pour les avoir appréciés, avec ce tact dont est toujours douée une femme et surtout une femme d'esprit.

Le premier volume présente l'intéressant tableau d'une vie qui ne ressemble à aucune autre, qu'accompagnait la gloire attachée à un talent supérieur, qu'embellissait l'amour du travail, des succès sans nombre et les plus brillantes jouissances de la société. Le second volume contiendra le récit des voyages de madame Lebrun, joint à celui de son séjour à Rome, à Naples, à Berlin, à Vienne, à Péters-bourg, etc., etc. Enfin le troisième volume sera rempli par tout ce qu'elle raconte des événemens de sa vie et des nouvelles relations qu'elle a formées, depuis son retour en France jusqu'en 1834.

Les souvenirs de madame Lebrun sont écrits d'un style simple et naturel, dans lequel le désir de briller comme écrivain ne se montre jamais. Le public, nous l'espérons, les goûtera d'autant plus, que l'auteur ne songeait point à lui en tenant la plume.

IMPRIMERIE DE H. FOURNIER,
RUE DE SEINE, N. 14.

SOUVENIRS

DE

MADAME

VIGÉE-LEBRUN.

IMPRIMERIE DE H. FOURNIER,
RUE DE SEINE, N. 14.

Lith. Delaunois

Mᵐᵉ VIGÉE LEBRUN.

1755 - 1842

SOUVENIRS

DE

MADAME LOUISE-ÉLISABETH

VIGÉE-LEBRUN,

DE L'ACADÉMIE ROYALE DE PARIS,
DE ROUEN, DE SAINT-LUC DE ROME ET D'ARCADIE,
DE PARME ET DE BOLOGNE,
DE SAINT-PÉTERSBOURG, DE BERLIN, DE GENÈVE ET AVIGNON.

En écrivant mes Souvenirs, je me rappellerai
le temps passé, qui doublera pour ainsi
dire mon existence.
J.-J. ROUSSEAU.

TOME PREMIER.

PARIS,

LIBRAIRIE DE H. FOURNIER,

RUE DE SEINE, 14 BIS.

—

1835.

LETTRES

A LA PRINCESSE KOURAKIN.

—◆◆◆—

LETTRE I.

Mon enfance. — Mes parens. — Je suis mise au couvent. — Ma passion pour la peinture. — Société de mon père. — Doyen. Poinsinet. — Davesne. — Ma sortie du couvent. — Mon frère.

———

Ma bien bonne amie, vous me demandez avec tant d'instances de vous écrire mes souvenirs, que je me décide à vous satisfaire. Que de sensations je vais éprouver en me rappelant

et les évènemens divers dont j'ai été témoin!
et des amis, qui n'existent plus que dans ma
pensée! Toutefois, la chose me sera facile, car
mon cœur a de la mémoire, et dans mes heures
de solitude, ces amis si chers m'entourent encore, tant mon imagination me les réalise. Je
joindrai d'ailleurs à mon récit les notes que j'ai
prises à différentes époques de ma vie, sur une
foule de personnes dont j'ai fait le portrait, et
qui, pour la plupart, étaient de ma société (1);
grâce à ce secours, les plus doux momens de
mon existence vous seront connus aussi bien
qu'ils me le sont à moi-même.

Je vous parlerai d'abord, chère amie, de mes
premières années, parce qu'elles ont été le présage de toute ma vie, puisque mon amour
pour la peinture s'est manifesté dès mon enfance. On me mit au couvent à l'âge de six ans;
j'y suis restée jusqu'à onze. Dans cet intervalle,
je crayonnais sans cesse et partout; mes cahiers

(1) Nous avons placé toutes les notes et portraits à la fin
de ce volume.   (*Note de l'Éditeur.*)

d'écriture, et même ceux de mes camarades, étaient remplis à la marge de petites têtes de face, ou de profil; sur les murs du dortoir, je traçais avec du charbon des figures et des paysages, aussi vous devez penser que j'étais souvent en pénitence. Puis, dans les momens de récréation, je dessinais sur le sable tout ce qui me passait par la tête. Je me souviens qu'à l'âge de sept ou huit ans, je dessinai à la lampe un homme à barbe, que j'ai toujours gardé. Je le fis voir à mon père qui s'écria transporté de joie : *Tu seras peintre, mon enfant, ou jamais il n'en sera.*

Je vous fais ce récit pour vous prouver à quel point la passion de la peinture était innée en moi. Cette passion ne s'est jamais affaiblie; je crois même qu'elle n'a fait que s'accroître avec le temps; car, encore aujourd'hui, j'en éprouve tout le charme, qui ne finira j'espère qu'avec ma vie. C'est au reste à cette divine passion que je dois, non-seulement ma fortune, mais aussi mon bonheur, puisque dans ma

jeunesse comme à présent, elle a établi des rapports entre moi et tout ce qu'il y avait de plus
aimable, de plus distingué dans l'Europe, en
hommes et en femmes. Le souvenir de tant de
personnes remarquables que j'ai connues prête
souvent pour moi du charme à la solitude. Je
vis encore alors avec ceux qui ne sont plus,
et je dois remercier la Providence qui m'a laissé
ce reflet d'un bonheur passé.

J'avais au couvent une santé très faible, en
sorte que mon père et ma mère venaient souvent me chercher pour passer quelques jours
avec eux, ce qui me charmait sous tous les
rapports. Mon père, nommé Vigée, peignait
fort bien au pastel; il y a même des portraits
de lui qui seraient dignes du fameux Latour.
Il a fait aussi des tableaux à l'huile, dans le
genre de Wateau. Celui que vous avez vu chez
moi est d'une charmante couleur, et fait avec
esprit. Mais, pour en revenir aux jouissances
que j'avais dans la maison maternelle, je vous
dirai que mon père me donnait la permission

de peindre quelques têtes au pastel, et qu'il me laissait aussi barbouiller toute la journée avec ses crayons.

Il avait tellement l'amour de son art que cette passion lui donnait de fréquentes distractions. Je me rappelle qu'un jour, étant tout habillé pour aller dîner en ville, il sort; mais en pensant au tableau qu'il avait commencé, il retourne chez lui, dans l'idée d'y retoucher. Il ôte sa perruque, met son bonnet de nuit, et ressort, ainsi coiffé, vêtu d'un habit à brandebourgs dorés, l'épée au côté, etc. Sans un voisin, qui l'avertit de sa distraction, il courait la ville dans ce costume.

Mon père avait infiniment d'esprit. Sa gaieté si naturelle, se communiquait à tout le monde, et bien souvent on venait se faire peindre par lui pour jouir de son aimable conversation; peut-être connaissez-vous déjà l'anecdote suivante : faisant un jour le portrait d'une assez jolie femme, il s'aperçut que, lorsqu'il travaillait à la bouche, cette femme grimaçait sans cesse pour la rendre plus petite. Impatienté de

ce manége, mon père lui dit avec un grand
sang-froid : — Ne vous tourmentez pas ainsi,
madame, pour peu que vous le désiriez, je ne
vous en ferai pas du tout.

Ma mère était très belle (on peut en juger
par le portrait au pastel que mon père a fait
d'elle, et par celui que j'ai fait à l'huile beaucoup plus tard) (1). Sa sagesse était austère.
Mon père l'adorait comme une divinité; mais
les grisettes lui tournaient la tête. Le premier
jour de l'an était pour lui un jour de fête : il
courait à pied tout Paris, sans faire une seule
visite, uniquement pour embrasser toutes les
jeunes fillettes qu'il rencontrait, sous le prétexte de leur souhaiter une bonne année.

Ma mère était très pieuse. Je l'étais aussi de
cœur. Nous entendions toujours la grand'messe;
nous allions aux offices divins. Dans le carême
surtout nous n'en manquions aucun, pas
même les prières du soir. De tout temps j'ai

(1) Ce portrait est un buste oval que je fis d'après elle:
j'avais alors quinze ans et demi.

aimé les chants religieux, et les sons de l'orgue me faisaient alors une telle impression que je pleurais sans pouvoir m'en empêcher. Depuis, ces sons m'ont toujours rappelé la perte que j'ai faite de mon père.

A cette époque, mon père réunissait les soirs plusieurs artistes et quelques gens de lettres. Je placerai en tête Doyen, peintre d'histoire, l'ami intime de mon père, et mon premier ami. Doyen était le meilleur homme du monde, plein d'esprit et de sagacité; ses aperçus sur les choses et sur les personnes ont toujours été d'une justesse extrême; et de plus, il parlait avec tant de chaleur de la peinture, qu'il me faisait battre le cœur; Poinsinet, qui avait aussi beaucoup d'esprit et de gaîté. Peut-être avez vous entendu parler de sa prodigieuse crédulité. Elle l'exposait sans cesse aux mystifications les plus étranges. Un jour, par exemple, on réussit à lui persuader qu'il existait une charge d'écran du roi, et voilà qu'on le place devant le feu le plus ardent, de manière à lui griller les mollets.

Pour peu qu'il voulùt s'éloigner : Ne bougez pas, disait-on, il faut vous habituer à la grande chaleur, autrement vous n'aurez pas la charge. Il s'en fallait de beaucoup, cependant, que Poinsinet fût un sot. Plusieurs de ses ouvrages sont encore applaudis aujourd'hui, et il est le seul homme de lettres qui ait obtenu le même soir trois succès dramatiques. *Ernelinde*, au grand Opéra, *le Cercle* aux Français, et *Tom Jones* à l'Opéra-Comique : quelqu'un dit alors, en parlant du *Cercle*, où la société de cette époque est si bien peinte, que Poinsinet avait écouté aux portes. La fin de Poinsinet est des plus tragiques. On lui mit en tête le goût des voyages; il commença par l'Espagne, et périt en traversant le Guadalquivir.

Je dois citer aussi un nommé Davesne, peintre et poète, assez médiocre dans ces deux arts, mais que sa conversation, fort spirituelle, avait fait admettre aux soupers de mon père. Je puis vous donner un échantillon des vers de ce Davesne; car, je ne sais comment, je n'ai jamais oublié ceux-ci, qui, je crois n'ont point été imprimés.

> Plus n'est le temps, où de mes seuls couplets
> Ma Lise aimait à se voir célébrée.
> Plus n'est le temps où, de mes seuls bouquets
> Je la voyais toujours parée.
> Les vers que l'amour me dictait
> Ne répétaient que le nom de Lisette,
> Et Lisette les écoutait.
> Plus d'un baiser payait ma chansonnette.
> Au même prix qui n'eût été poète!

Enfin, quoique je fusse à peine sortie de l'enfance alors, je me rappelle parfaitement la gaieté de ces soupers de mon père. On me faisait quitter la table avant le dessert; mais de ma chambre j'entendais des rires, des joies, des chansons, auxquels je ne comprenais rien, à vrai dire, et qui pourtant n'en rendaient pas moins mes jours de congé délicieux.

A onze ans je sortis tout-à-fait du couvent, après avoir fait ma première communion, et

Davesne, qui peignait à l'huile, me fit demander chez lui, pour m'apprendre à charger une palette; sa femme venait me chercher. Ils étaient si pauvres, qu'ils me faisaient peine et pitié. Un jour, comme je désirais finir une tête que j'avais commencée, ils me retinrent à dîner chez eux; ce dîner se composait d'une soupe et de pommes cuites. Tous deux, je crois, ne se restauraient qu'en venant souper chez mon père.

J'éprouvais un grand bonheur de ne plus quitter mes parens. Mon frère, plus jeune que moi de trois ans, était beau comme un ange; il avait une intelligence fort au-dessus de son âge, et se distinguait dans ses études, au point qu'il rapportait toujours de son collége les témoignages les plus flatteurs. J'étais bien loin d'avoir sa vivacité, son esprit, et surtout son joli visage; car à cette époque de ma vie, j'étais laide. J'avais un front énorme, les yeux très enfoncés; mon nez était le seul joli trait de mon visage pâle et amaigri. En outre, j'avais grandi si rapidement qu'il m'était impossible de me tenir droite, je pliais comme un roseau. Toutes

ces imperfections désolaient ma mère; j'ai cru
m'apercevoir qu'elle avait un faible pour mon
frère; car elle le gâtait, et lui pardonnait aisément ses torts de jeunesse, tandis qu'elle était
fort sévère pour moi. En revanche, mon père
me comblait de bontés et d'indulgence. Sa tendresse le rendait de plus en plus cher à mon
cœur : aussi cet excellent père m'est-il toujours
présent, et je ne pense pas avoir oublié un seul
mot qu'il ait dit devant moi. Combien de fois,
surtout, me suis-je rappelé, en 1789, le trait suivant comme une sorte de prophétie : un jour que
mon père sortait d'un dîner de philosophes, où
se trouvaient Diderot, Helvétius et d'Alembert,
il paraissait si triste, que ma mère lui demanda
ce qu'il avait : «Tout ce que je viens d'entendre,
ma chère amie, répondit-il, me fait croire que
bientôt le monde sera sens dessus dessous. »

Je finis cette longue lettre, ma bien bonne
amie, en vous embrassant de toute mon ame.

LETTRE II.

Mort de mon père. — Notre douleur. — Je travaille dans l'atelier de Briard. — Joseph Vernet; conseils qu'il me donne. — L'abbé Arnault. — Je visite des galeries de tableaux. — Ma mère se remarie. — Mon beau-père. — Je fais des portraits. Le comte Orlof. — Le comte Schouvaloff. — Visite de madame Geoffrin. — La duchesse de Chartres. — Le Palais-Royal. — Mademoiselle Duthé. — Mademoiselle Boquet.

———

Jusqu'ici, ma chère amie, je ne vous ai parlé que de mes joies, il me faut maintenant vous parler de la première affliction qui m'ait été au cœur, de la première douleur que j'aie ressentie.

Je venais de passer une année de bonheur dans la maison paternelle, quand mon père tomba malade. Il avait avalé une arête, qui s'était fixée dans son estomac, et qui pour en être extirpée, nécessita plusieurs incisions. Les opérations furent faites par le plus habile chirurgien que l'on connût alors, le frère Come, en qui nous avions toute confiance, et qui avait l'air d'un vrai saint. Il soigna mon père avec le plus grand zèle ; toutefois, malgré ses affectueuses assiduités, les plaies s'envenimèrent, et après deux mois de souffrances, l'état de mon père ne laissa aucun espoir de guérison. Ma mère pleurait jour et nuit, et je n'essaierai pas de vous peindre ma désolation : j'allais perdre le meilleur des pères, mon appui, mon guide, celui dont l'indulgence encourageait mes premiers essais !

Lorsqu'il se sentit près de ses derniers momens, mon père désira revoir mon frère et moi. Nous nous approchâmes tous deux de son lit, en sanglottant. Son visage était cruellement altéré ; ses yeux, sa physionomie, si animés,

n'avaient plus aucuns mouvemens; car la pâleur
et le froid de la mort l'avaient déjà saisi. Nous
prîmes sa main glacée, et nous la couvrîmes de
baisers en l'arrosant de larmes. Il fit un effort,
se souleva pour nous donner sa bénédiction :
Soyez heureux, mes enfans, dit-il. Une heure
après, notre excellent père n'existait plus!

Je restai tellement abattue par ma douleur,
que je fus long-temps sans reprendre mes
crayons. Doyen venait quelquefois nous revoir,
et comme il avait été le meilleur ami de mon
père, ses visites étaient pour nous une grande
consolation. Ce fut lui qui m'engagea à reprendre mon occupation chérie, dans laquelle,
en effet, je trouvai la seule distraction qui pût
adoucir mes regrets et m'arracher à mes tristes
pensées. C'est à cette époque que je commençai
à peindre d'après nature. Je fis successivement
plusieurs portraits au pastel et à l'huile. Je dessinais aussi d'après nature et d'après la bosse,
le plus souvent à la lampe, avec mademoiselle
Boquet que je connus alors. Je me rendais les
soirs chez elle, rue Saint-Denis, vis-à-vis celle de

la Truanderie, où son père tenait un magasin de curiosités. La course était assez longue; car nous logions rue de Cléry, vis-à-vis l'hôtel de Lubert : aussi ma mère me faisait-elle toujours accompagner.

Dans ce même temps, nous allions très souvent, mademoiselle Boquet et moi, dessiner chez Briard le peintre, qui nous prêtait ses dessins et des bustes antiques. Briard peignait médiocrement, quoiqu'il ait fait quelques plafonds assez remarquables par leur composition, mais il était fort bon dessinateur; c'est pourquoi plusieurs jeunes personnes venaient prendre des leçons chez lui. Il logeait au Louvre, et pour y dessiner plus long-temps, nous apportions chacune notre petit dîner, dans un panier que nous portait la bonne. Je me rappelle encore que nous nous régalions, en achetant au concierge d'une des portes du Louvre des morceaux de bœuf à la mode si excellens, que je n'ai jamais rien mangé d'aussi bon.

Mademoiselle Boquet avait alors quinze ans, et j'en avais quatorze. Nous rivalisions de beauté (car j'ai oublié de vous dire, chère amie, qu'il s'était fait en moi une métamorphose et que j'étais devenue jolie). Ses dispositions pour la peinture étaient remarquables, et mes progrès étaient si rapides, que l'on commençait à parler de moi dans le monde, ce qui me valut la satisfaction de connaître Joseph Vernet. Ce célèbre artiste m'encouragea et me donna les meilleurs conseils. — «Mon enfant, me disait-il, ne suivez aucun système d'école. Consultez seulement les œuvres des grands maîtres de l'Italie, ainsi que celles des maîtres flamands; mais surtout faites le plus que vous pourrez d'après nature : la nature est le premier de tous les maîtres. Si vous l'étudiez avec soin, cela vous empêchera de prendre aucune manière.»

J'ai constamment suivi ses avis; car je n'ai jamais eu de maître proprement dit. Quant à Joseph Vernet, il a bien prouvé l'excellence de sa méthode par ses œuvres, qui ont été et seront toujours si justement admirées.

Je fis aussi connaissance alors avec l'abbé Arnault, de l'Académie française. C'était un homme plein d'imagination, passionné de la haute littérature et des arts, dont la conversation m'enrichissait d'idées, si l'on peut s'exprimer ainsi. Il parlait peinture et musique avec le plus vif enthousiam'e. L'abbé Arnault était un ardent partisan de Gluck, et plus tard, il amena chez moi ce grand musicien; car j'aimais aussi la musique passionnément.

Ma mère devenait coquette de ma figure, de ma taille (car j'avais repris de l'embonpoint, ce qui m'avait enfin donné la fraîcheur de la jeunesse). Elle me menait aux Tuileries les dimanches; elle était encore fort belle elle-même, et tant d'années se sont passées depuis lors, que je puis vous dire aujourd'hui qu'on nous suivait de telle manière, que j'en étais beaucoup plus embarrassée que flattée.

Ma mère me voyait toujours si affectée de la perte cruelle que j'avais faite, qu'elle n'imagina rien de mieux pour m'en distraire que de me mener voir des tableaux. Elle me conduisait au palais du Luxembourg, dont la galerie était ornée alors des chefs-d'œuvre de Rubens, et beaucoup de salles remplies de tableaux des plus grands maîtres (1). Ces tableaux ont été transportés depuis au Muséum, et ceux de Rubens perdent à n'être plus vus dans la place où ils ont été faits : des tableaux bien ou mal éclairés sont comme des pièces bien ou mal jouées.

Nous allions aussi voir de riches collections chez des particuliers. Rendon de Boisset possédait une galerie de tableaux flamands et français. Le duc de Praslin et le marquis de Lévis avaient de riches collections des grands maîtres de toutes les écoles. M. Harens de Presle en avait une très riche en tableaux de maîtres italiens ; mais aucune ne pouvait se comparer à celle du Palais-Royal, qui avait été faite par le régent, et dans laquelle se trouvaient tant de chefs-d'œuvre des grands maîtres de l'Italie. Elle a été vendue dans la révolution. Un Anglais, lord Stafford, en a acheté la plus grande partie.

(1) A présent on y voit des tableaux des peintres modernes français. Je suis la seule qui n'en ait pas dans cette collection.

Dès que j'entrais dans une de ces riches galeries, on pouvait exactement me comparer à
l'abeille, tant j'y récoltais de connaissances et
de souvenirs utiles à mon art tout en m'en-
ivrant de jouissances dans la contemplation des
grands maîtres. En outre, pour me fortifier,
je copiais quelques tableaux de Rubens, quelques têtes de Rembrant, de Wandik, et plusieurs têtes de jeunes filles de Greuze, parce
que ces dernières m'expliquaient fortement les
semi-tons qui se trouvent dans les carnations
délicates; Wandik les explique aussi, mais plus
finement.

Je dois à ce travail l'étude si importante de
la dégradation des lumières sur les parties sail-
lantes d'une tête, dégradation que j'ai tant ad-
mirée dans les têtes de Raphaël, qui réunissent,
il est vrai, toutes les perfections. Aussi est-ce à
Rome seulement, et sous le beau ciel de l'Italie,
qu'on peut tout-à-fait juger Raphaël. Lorsque plus tard j'ai pu voir ceux de ses chefs-
d'œuvre qui n'ont point quitté leur patrie, j'ai

trouvé Raphaël au-dessus de son immense renommée.

Mon père n'avait point laissé de fortune; à
la vérité, je gagnais déjà beaucoup d'argent,
ayant beaucoup de portraits à faire; mais cela
ne pouvait suffire aux dépenses de la maison,
vu qu'en outre j'avais à payer la pension de
mon frère, ses habits, ses livres, etc. Ma mère
se vit donc obligée de se remarier; elle épousa
un riche joaillier, que jamais nous n'avions
soupçonné d'avarice, et qui pourtant, sitôt
après son mariage, se montra tellement avare
qu'il nous refusait jusqu'au nécessaire, quoique j'eusse la bonhomie de lui donner tout ce
ce que je gagnais. Joseph Vernet en était furieux; il me conseillait sans cesse de payer une
pension, et de garder l'excédant pour moi;
mais je n'en fis rien; je craignais trop qu'avec
un pareil harpagon ma mère n'en souffrît.

Je détestais cet homme, d'autant plus qu'il
s'était emparé de la garde-robe de mon père,
dont il portait les habits, tout comme ils

étaient, sans qu'il les eût fait remettre à sa taille.
Vous pouvez comprendre aisément, chère
amie, quelle triste impression j'en recevais!

J'avais, comme je vous l'ai dit, beaucoup de
portraits à faire, et déjà ma jeune réputation
m'attirait la visite d'un grand nombre d'étrangers. Plusieurs grands personnages russes vinrent me voir, entre autres le fameux comte Or-
loff, l'un des assassins de Pierre III. C'était un
homme colossal, et je me rappelle qu'il portait
au doigt un diamant remarquable par son
énorme grosseur.

Je fis presque aussitôt le portrait du comte
Schouvaloff, grand chambellan. Celui-ci alors
était âgé, je crois, de soixante ans, et avait été
l'amant d'Élisabeth II. Il joignait une politesse
bienveillante à un ton parfait, et comme il était
de plus excellent homme, la meilleure compagnie le recherchait.

J'eus dans le même temps la visite de madame
Geoffrin, cette femme que son salon a rendue
célèbre. Madame Geoffrin réunissait chez elle
tout ce qu'on connaissait d'hommes distingués

dans la littérature et dans les arts, les étrangers de marque, et les plus grands seigneurs de la cour. Sans naissance, sans talens, sans même avoir une fortune considérable, elle s'était créé ainsi à Paris une existence unique dans son genre, et qu'aucune femme ne pourrait plus s'y faire aujourd'hui. Ayant entendu parler de moi, elle vint me voir un matin, et me dit les choses les plus flatteuses sur ma personne et sur mon talent. Quoiqu'elle ne fût pas alors très âgée, je lui aurais donné cent ans; car, non-seulement elle se tenait un peu courbée, mais son costume la vieillissait beaucoup. Elle était vêtue d'une robe gris de fer, et portait sur sa tête un bonnet à grand papillon, recouvert d'une coiffe noire, nouée sous le menton. À pareil âge maintenant, les femmes, au contraire, réussissent à se rajeunir par le soin qu'elles apportent à leur toilette.

Aussitôt après le mariage de ma mère, nous avions été loger chez mon beau-père, rue Saint-Honoré, vis-à-vis la terrasse du Palais-Royal, sur laquelle donnaient mes fenêtres. Je voyais

souvent la duchesse de Chartres se promener
dans le jardin avec ses dames, et je remarquai
bientôt qu'elle me regardait avec intérêt et
bonté. Je venais de finir le portrait de ma mère,
qui faisait grand bruit alors. La duchesse me fit
demander pour aller la peindre chez elle. Elle
communiqua à tout ce qui l'entourait son extrême bienveillance pour mon jeune talent,
en sorte que je ne tardai pas à recevoir la
visite de la grande et belle comtesse de
Brionne et de sa fille, la princesse de Lorraine,
qui était extrêmement jolie, puis successivement celle de toutes les grandes dames de la
cour et du faubourg Saint-Germain.

Puisque j'ai pris le parti, chère amie, de vous
avouer que j'étais toujours remarquée aux
promenades, aux spectacles, jusque là que l'on
faisait foule autour de moi, vous devinez sans
peine que plusieurs amateurs de ma figure
me faisaient peindre la leur, dans l'espoir de
parvenir à me plaire ; mais j'étais si occupée de
mon art, qu'il n'y avait pas moyen de m'en distraire. Puis aussi, les principes de morale et

de religion que ma mère m'avait communi-
qués, me protégeaient fortement contre les sé-
ductions dont j'étais entourée. Mon bonheur
voulait que je ne connusse pas encore un seul
roman. Le premier que j'aie lu (c'était *Clarisse
Harlove*, qui m'a prodigieusement intéressée),
je ne l'ai lu qu'après mon mariage; jusque là ,
je ne lisais que des livres saints, la morale des
Saints-Pères entre autres, dont je ne me lassais
pas, car tout est là, et quelques livres de classe
de mon frère.

Pour en revenir à ces messieurs, dès que je
m'apercevais qu'ils voulaient me faire des yeux
tendres (1), je les peignais à *regards perdus*, ce
qui s'oppose à ce que l'on regarde le peintre.
Alors au moindre mouvement que faisait leur
prunelle de mon côté, je leur disais *j'en suis
aux yeux*; cela les contrariait un peu, comme

(1) A cette époque, le marquis de Choiseul était du
nombre, ce qui m'indignait, car il venait d'épouser la plus
jolie personne du monde. Elle s'appelait mademoiselle Rabi;
c'était une Américaine, âgée de seize ans. Je ne crois pas qu'on
ait jamais rien vu de plus parfait.

vous pouvez croire, et ma mère, qui ne me
quittait pas, et que j'avais mise dans ma confidence, riait tout bas.

Les jours de fêtes et les dimanches, après
avoir entendu la grand' messe, ma mère et
mon beau-père me menaient promener au Palais-Royal. A cette époque, le jardin était infiniment plus vaste et plus beau qu'il ne l'est
maintenant, étouffé et rétréci par les maisons
qui l'environnent de toutes parts. Il y avait à
gauche une très large et très longue allée, couverte d'arbres énormes, qui formaient une
voûte impénétrable au soleil. Là se réunissait
la bonne compagnie, en fort grande parure.
Quant à la mauvaise, elle se réfugiait plus loin,
sous les quinconces.

L'Opéra était alors tout à côté (il tenait au
Palais). Dans les jours d'été, ce spectacle finissait à huit heures et demie, et toutes les personnes élégantes sortaient même avant la fin,
pour se promener dans le jardin. Il était de
mode alors que les femmes portassent de fort
gros bouquets, ce qui joint aux poudres odori-

férantes dont chacun parfumait ses cheveux,
embaumait véritablement l'air que l'on respi-
rait. Plus tard, mais pourtant avant la révolution, j'ai vu ces soirées se prolonger jusqu'à
deux heures du matin; on y faisait de la musique au clair de lune, en plein air. Des artistes, des
amateurs, entre autres Garat et Alsevédo, y
chantaient. On y jouait de la harpe et de la guitare; le fameux Saint-Georges jouait souvent
du violon : la foule s'y portait.

C'est là que j'ai vu pour la première fois l'é-
légante et jolie mademoiselle Duthé, qui se
promenait avec d'autres filles entretenues : car
jamais alors aucun homme ne se montrait avec
ces demoiselles; s'ils les rejoignaient au spectacle, c'était toujours en loges grillées. Les Anglais
sont moins délicats sur ce point. Cette même
demoiselle Duthé était souvent accompagnée
par un Anglais, si fidèle, que dix-huit ans après,
je les ai revus ensemble au spectacle à Londres.
Le frère de l'Anglais était avec eux, et l'on
me dit qu'ils faisaient tous trois ménage ensemble. Vous ne sauriez avoir une idée, chère

amie, de ce qu'étaient les femmes entretenues à l'époque dont je vous parle. Mademoiselle Du-thé, par exemple, a mangé des millions; maintenant l'état de courtisane est un état perdu; personne ne se ruine plus pour une fille.

Ce dernier mot m'en rappelle un de la duchesse de Chartres, dont j'aime la naïveté. Je vous ai déjà parlé de cette princesse, digne fille du vertueux et bienfaisant duc de Penthièvre. Quelque temps après son mariage, comme elle était à la fenêtre, un de ses gentilshommes, voyant passer quelques-unes de ces demoiselles, dit : Voilà des filles. Comment pouvez-vous savoir qu'elles ne sont pas mariées? demanda la duchesse dans sa candide ignorance.

Nous ne pouvions passer dans cette grande allée du Palais-Royal, mademoiselle Boquet et moi, sans fixer vivement l'attention. Toutes deux alors étions âgées de seize à dix-sept ans, et mademoiselle Boquet était fort belle. A dix-neuf ans elle eut la petite vérole, ce qui intéressa si généralement, que de toutes les classes de la société une foule de gens s'empressaient de venir s'informer de ses nouvelles, et que l'on voyait sans cesse une grande quantité de voitures à sa porte. A cette époque réellement, la beauté était une illustration.

Mademoiselle Boquet avait un talent remarquable pour la peinture, mais elle l'abandonna presque entièrement après avoir épousé M. Filleul, époque à laquelle la reine la nomma concierge du château de la Muette.

Que ne puis-je vous parler de cette aimable femme, sans me rappeler sa fin tragique? Hélas! je me souviens qu'au moment où j'allais quitter la France, pour fuir les horreurs que je prévoyais, madame Filleul me dit : Vous avez tort de partir : moi, je reste; car je crois au bonheur que doit nous procurer la révolution. Et cette révolution l'a conduite sur l'échafaud! Elle n'avait point quitté le château de la Muette quand arriva ce temps si justement nommé le temps de la terreur. Madame Chalgrin, fille de Joseph Vernet, et l'amie intime de madame Filleul, vint célébrer dans ce château le mariage de sa fille, sans aucun éclat, comme vous imaginez bien. Cependant dès le lendemain, les révolutionnaires n'en vinrent pas moins arrêter madame Filleul et madame Chalgrin, qui, disait-on, avaient *brûlé les bougies de la nation*, et toutes deux furent guillotinées peu de jours après.

Je finis ici cette triste lettre.

LETTRE III.

———

Je reprendrai, chère amie, le cours de mes promenades dans ce que je puis appeler l'ancien Paris, tant, depuis ma jeunesse, cette ville a subi de métamorphoses sous tous les rapports. Une des plus fréquentées était la promenade des boulevards du Temple. Tous les jours, mais le jeudi principalement, des centaines de voitures allaient, venaient, ou stationnaient contre les allées où sont encore maintenant les cafés et les parades. Les jeunes gens à cheval caracolaient autour d'elles, comme à Longchamp; car Longchamp existait déjà (1). Les allées, ou bas-côtés, étaient pleines d'une foule immense de promeneurs, jouissant du plaisir d'admirer ou de critiquer toutes ces belle dames, très parées, qui passaient dans leurs brillans équipages.

Un des côtés du boulevard (celui où se trouve maintenant le café Turc) offrait un spectacle qui bien souvent m'a donné le fou rire. C'était une longue rangée de vieilles femmes

(1) Il était même fort brillant. Les filles entretenues dépensaient des trésors pour y éclipser tout le monde, et l'on cite une demoiselle Renard que l'on y vit paraître un jour dans une voiture traînée par quatre chevaux dont les harnais étaient couverts de pierres fausses, imitant le diamant à s'y méprendre.

du Marais, assises gravement sur des chaises, et les joues tellement couvertes de rouge qu'elles ressemblaient tout-à-fait à des poupées. Comme à cette époque les femmes d'un rang élevé pouvaient seules porter du rouge, ces dames croyaient devoir jouir du privilége dans toute sa latitude. Un de nos amis, qui les connaissait pour la plupart, nous dit qu'elles n'avaient d'autre occupation que celle de jouer au loto du matin au soir, et qu'un jour qu'il revenait de Versailles, quelques-unes d'elles lui demandant des nouvelles, il répondit qu'il venait d'apprendre que M. de La Pérouse devait partir pour aller faire le tour du monde : En vérité, s'écria la maîtresse de la maison, il faut que cet homme-là soit bien désœuvré !

Plus tard, long-temps après mon mariage, j'ai vu sur ce même boulevard divers petits spectacles. Le seul où j'aie été souvent, et qui m'amusait beaucoup, était celui des Fantoccini de *Carlo Périco*. Ces marionnettes étaient si bien faites, et leurs mouvemens si naturels qu'elles faisaient parfois illusion. Ma fille, qui avait au plus six ans et que j'y menais avec moi, ne doutait pas d'abord que ces personnages ne fussent vivans. Quand je lui eus dit le contraire, je me rappelle que je la menai peu de jours après à la Comédie Française, où ma loge était assez éloigné du théâtre : « et ceux-là, maman, me dit-elle, sont-ils vivans ? »

Le Colysée était encore un lieu de réunion fort à la mode; on l'avait établi dans un des grands carrés des Champs-Élysées, en bâtissant une immense rotonde. Au milieu se trouvait un lac, rempli d'une eau limpide, sur lequel se faisaient des joûtes de bateliers. On se promenait tout autour dans de larges allées sablées, et garnies de siéges. Quand la nuit venait, tout le monde quittait lé jardin pour se réunir dans un salon immense où l'on entendait tous les soirs une excellente musique à grand orchestre. Mademoiselle Lemaure, très célèbre alors, y a chanté plusieurs fois, ainsi que beaucoup d'autres fameuses cantatrices. Le large perron qui conduisait à cette salle du concert était le rendez-vous de tous les jeunes élégans de Paris, qui, placés sous les portiques illuminés, ne laissaient point passer une femme sans lancer une épigramme. Un soir, comme j'en descendais les degrés avec ma mère, le duc de Chartres (depuis Philippe Égalité) se tenait là, donnant le bras au marquis de Genlis, son compagnon d'orgies, et les pauvres malheureuses qui se présentaient à leurs yeux n'échappaient point aux sarcasmes les plus infames. — Ah! pour celle-ci, dit le duc très haut en me désignant, il n'y a rien à dire. Ce mot, que beaucoup de personnes entendaient ainsi que moi, me causa une si grande satisfaction, que je me le rappelle encore aujourd'hui avec un certain plaisir.

A peu près dans le même temps, il existait sur le boulevard du Temple ce qu'on appelait le Wauxhall d'été, dont le jardin n'était autre chose qu'un large espace destiné à la promenade et autour duquel s'élevaient des gradins couverts, où s'asseyait la bonne compagnie. On s'y réunissait de jour en été, et la soirée finissait par un très beau feu d'artifice.

Tous ces lieux étaient bien plus à la mode

alors, que ne l'est maintenant Tivoli. Il est
même assez étonnant que les Parisiens, qui
n'ont pour toutes promenades que les Tuileries
et le Luxembourg, aient renoncé à ces établis-
semens, moitié citadins, moitié champêtres,
où l'on allait respirer le soir en prenant des
glaces.

Mon vilain beau-père, ennuyé sans doute
des hommages publics que l'on rendait à la
beauté de ma mère, et j'oserai dire aussi à la
mienne, nous interdit les promenades, et nous
dit un jour qu'il allait louer une campagne. A
ces mots le cœur me battit de joie; car j'aimais
la campagne passionnément. J'avais d'autant
plus le désir d'y séjourner que j'en éprouvais
un besoin réel, attendu que je couchais alors
au pied du lit de ma mère, dans un coin en-
foncé, où le jour n'arrivait jamais. Aussi le
matin, quelque temps qu'il fît, mon premier
soin était d'ouvrir la fenêtre pour respirer, tant
j'avais soif d'air.

Mon beau-père loua donc une petite bicoque
à Chaillot, et nous allions y coucher le samedi

pour revenir à Paris le lundi matin. Dieu! quelle campagne! imaginez-vous, ma chère, un très petit jardin de curé; point d'arbres, point d'autre abri contre le soleil qu'un petit berceau où mon beau-père avait planté des haricots et des capucines qui ne poussaient pas. Encore n'avions-nous que le quart de ce charmant jardin; il était séparé en quatre par de petits bâtons, et les trois autres parties étaient louées à des garçons de boutique, qui, tous les dimanches, venaient s'amuser à tirer des coups de fusil sur les oiseaux. Ce bruit perpétuel me mettait dans un état de désespoir, outre que j'avais une peur affreuse d'être tuée par ces maladroits, tant ils visaient de travers.

Je ne comprenais pas qu'on pût appeler la campagne, ce lieu si bête, si anti-pittoresque, où je m'ennuyais au point que je bâille de souvenir en vous écrivant ceci. Enfin mon bon ange amena à mon secours une amie de ma mère, madame Suzanne, qui vint dîner un jour à Chaillot avec son mari. Tous deux eurent pitié de moi, de mon ennui, et me

menèrent quelquefois faire des courses charmantes. Malheureusement on ne pouvait pas
compter sur M. Suzanne tous les dimanches,
car il avait une singulière maladie : de deux
jours l'un, il s'enfermait dans sa chambre, sans
voir personne, pas même sa femme; ne voulant
ni parler, ni manger. Le lendemain, il est vrai,
il reprenait toute sa gaieté et ses manières ha-
bituelles; mais vous sentez que pour faire une
partie avec lui, il fallait se tenir au courant de
l'intermittence.

Nous allâmes d'abord à Marly-le-Roi, et là,
pour la première fois, je pris l'idée d'un séjour
enchanteur. De chaque côté du château, qui
était superbe, s'élevaient six pavillons, qui se
communiquaient par des berceaux de jasmin
et de chèvrefeuille. Des eaux magnifiques, qui
tombaient en cascades du haut d'une montagne
située derrière le château, fournissaient un
immense canal, sur lequel se promenaient des
cignes. Ces beaux arbres, ces salles de verdure,
ces bassins, ces jets d'eau, dont un s'élevait à
une hauteur si prodigieuse qu'on le perdait de

vue; tout était grand, tout était royal, tout y
parlait de Louis XIV. L'aspect de ce séjour ravissant me fit alors tant d'impression, qu'après
mon mariage, je suis retournée souvent à
Marly. Un matin j'y ai rencontré la reine, qui
se promenait dans le parc avec plusieurs dames
de sa cour. Toutes étaient en robes blanches,
et si jeunes, si jolies, qu'elles me firent l'effet
d'une apparition. J'étais avec ma mère, et je
m'éloignais, quand la reine eut la bonté de
m'arrêter, m'engageant à continuer ma promenade partout où il me plairait. Hélas! quand
je suis revenue en France, en 1802, j'ai couru
revoir mon noble et riant Marly. Le palais, les
arbres, les cascades, les bassins, tout avait disparu; je n'ai plus trouvé qu'une seule pierre,
qui semble marquer le milieu du salon.

M. et madame Suzanne me menèrent voir
aussi le château et le parc de Sceaux. Une partie
de ce parc (celle qui avoisinait le château) était
dessinée régulièrement en gazons, en parterres,
remplis de mille fleurs, comme le jardin des
Tuileries, l'autre n'offrait aucune symétrie;

mais un magnifique canal et les plus beaux
arbres que j'aie vus de ma vie la rendaient de
beaucoup préférable selon moi. Une chose qui
prouvait la bonté du maître de ce magnifique
séjour, c'est que le parc de Sceaux était une
promenade publique; l'excellent duc de Penthièvre avait toujours voulu que tout le monde
y entrât, et les dimanches principalement ce
parc était très fréquenté.

Je trouvais bien cruel de quitter ces magnifiques jardins pour rentrer dans le triste
Chaillot. Enfin, l'hiver nous fixa tout-à-fait à
Paris, où je passais de la manière la plus
agréable le temps que me laissait le travail. Dès
l'âge de quinze ans, j'avais été répandue dans la
haute société; je connaissais nos premiers artistes, en sorte que je recevais des invitations
de toutes parts. Je me souviens fort bien que
j'ai diné en ville pour la première fois chez le
sculpteur LeMoine, alors en grande réputation.
Le Moine était d'une simplicité extrême; mais
il avait le bon goût de rassembler chez lui une
foule d'hommes célèbres et distingués; ses deux

filles faisaient parfaitement les honneurs de sa
maison. Je vis là le fameux Lekain, qui me fit
peur, tant il avait l'air sombre et farouche ; ses
énormes sourcils ajoutaient encore à l'expression si peu gracieuse de son visage. Il ne parlait
point, mais il mangeait énormément. A côté de
lui, tout en face de moi, se trouvait la plus
jolie femme de Paris, madame de Bonneuil,
(mère de madame Regnault Saint-Jean d'Angely)
qui alors était fraîche comme une rose. Sa
beauté si douce avait tant de charme que je
ne pouvais en détourner mes yeux, d'autant
plus qu'on l'avait aussi placée près de son
mari, qui était laid comme un singe, et que
les figures de Lekain et de M. de Bonneuil
formaient un double repoussoir, dont bien
certainement elle n'avait pas besoin.

C'est chez Le Moine que j'ai connu Gerbier,
e célèbre avocat ; sa fille, madame de Roissy,
était fort belle, et c'est une des premières
femmes dont j'aie fait le portrait. Nous avions
souvent à ces dîners, Grétry, Latour, fameux
peintre au pastel ; on riait, on s'amusait. L'u-

sage à cette époque était de chanter au dessert :
madame de Bonneuil, qui avait une voix charmante, chantait avec son mari des duos de
Grétry, puis venait le tour de toutes les jeunes
demoiselles, dont cette mode; il faut l'avouer,
faisait le supplice; car on les voyait pâlir,
trembler, au point de chanter souvent faux.
Malgré ces petites dissonnances, le dîner finissait gaiement, et l'on se quittait toujours à regret,
bien loin de demander sa voiture en se levant
de table, ainsi que l'on fait aujourd'hui.

Je ne puis cependant parler des dîners actuels
que par ouï-dire, attendu que, peu de temps
après celui dont je vous parle, j'ai cessé pour
toujours de dîner en ville. Les heures de jour
m'étaient réellement trop précieuses pour les
donner à la société, et un bien petit évènement
qui m'arriva vint me décider tout à coup à ne
plus sortir que le soir. J'avais accepté à dîner
chez la princesse de Rohan Rochefort. Toute
habillée et prête à monter en voiture, l'idée me
prend d'aller revoir un portrait que j'avais commencé le matin. J'étais vêtue d'une robe de

satin blanc, que je mettais pour la première fois; je m'assieds, sur une chaise, qui se trouvait en face de mon chevalet, sans m'apercevoir que ma palette était posée dessus; vous jugez que je mis ma robe dans un tel état que je fus obligée de rester chez moi, et dès lors je pris la résolution de ne plus accepter que des soupers.

Ceux de la princesse de Rohan Rochefort étaient charmans. Le fond de la société se composait de la belle comtesse de Brionne et de sa fille la princesse de Lorraine , du duc de Choiseul , du cardinal de Rohan, de M. de Rulhières, l'auteur des *Disputes*; mais le plus aimable de tous les convives était sans contredit le duc de Lauzun; on n'a jamais eu autant d'esprit et de gaieté, il nous charmait tous. Souvent la soirée se passait à faire de la musique, et quelquefois je chantais en m'accompagnant sur la guitare. On soupait à dix heures et demie; jamais plus de dix ou douze à table. C'était à qui serait le plus aimable et le plus spirituel. J'écoutais seulement, comme vous pouvez croire, et quoique trop jeune pour apprécier entièrement le charme de cette conversation, elle me dégoûtait de beaucoup d'autres.

Je vous ai dit souvent, chère amie, que ma vie de jeune fille n'avait ressemblé à aucune autre. Non-seulement mon talent, tout faible que je le trouvais, quand je pensais aux grands maîtres, me faisait accueillir et rechercher dans tous les salons; mais je recevais parfois des preuves d'une bienveillance pour ainsi dire publique, dont j'éprouvais beaucoup de joie; je vous l'avoue franchement. Par exemple, j'avais fait, d'après les gravures du temps, les portraits du cardinal de Fleury et de La Bruyère. J'en fis hommage à l'Académie française, qui, par l'organe de d'Alembert, son secrétaire perpétuel, m'adressa la lettre que je copie ici, et que je conserve précieusement :

MADEMOISELLE,

L'Académie française a reçu avec toute la reconnaissance possible la lettre charmante que vous lui avez écrite , et les beaux portraits de Fleury et de La Bruyère que vous avez bien voulu lui envoyer pour être placés dans sa salle d'assemblée, où elle désirait depuis long-temps de les voir. Ces deux portraits, en lui retraçant deux hommes dont le nom lui est cher, lui rappelleront sans cesse, Mademoiselle, le souvenir de tout ce qu'elle vous doit et qu'elle est très flattée de vous devoir ; ils seront de plus à ses yeux un monument durable de vos rares talens, qui lui étaient connus par la voix publique, et qui sont encore relevés en vous par l'esprit, par les grâces et par la plus aimable modestie.

La compagnie, désirant de répondre à un procédé aussi honnête que le vôtre, de la manière qui peut vous être la plus agréable, vous prie, Mademoiselle, de vouloir bien accepter vos entrées à toutes ses assemblées publiques. C'est ce qu'elle a arrêté dans son assemblée d'hier par une délibération unanime qui a été sur-le-champ insérée dans ses registres et dont elle m'a chargé de vous donner avis en y

joignant tous ses remerciemens. Cette commis-
sion me flatte d'autant plus qu'elle me procure
l'occasion de vous assurer, Mademoiselle, de
l'estime distinguée dont je suis pénétré depuis
long-temps pour vos talens et pour votre personne, et que je partage avec tous les gens de
goût, et avec tous les gens honnêtes.

J'ai l'honneur d'être avec respect, mademoiselle, votre très humble et très obéissant ser-
viteur,

D'ALEMBERT,

Secrétaire perpétuel de l'Académie française.

Paris, 10 août 1775.

L'hommage de ces deux portraits à l'Académie me procura bientôt l'honneur de la
visite de d'Alembert, petit homme sec et froid,
mais d'une politesse exquise. Il resta long-temps
et parcourut mon atelier, en me disant mille
choses flatteuses. Je n'ai jamais oublié qu'il
venait de sortir, quand une grande dame, qui
s'était trouvée là, me demanda si j'avais fait
d'après nature ces portraits de La Bruyère et de

Fleury dont on venait de parler? — « Je suis un peu trop jeune pour cela, » répondis-je sans pouvoir m'empêcher de rire, mais fort contente pour la pauvre dame que l'académicien fût parti.

Adieu, chère amie.

———

LETTRE IV.

————

Mon beau-père s'étant retiré du commerce, nous allâmes loger à l'hôtel Lubert, rue de Cléry. M. Lebrun venait d'acheter cette maison; il l'habitait, et dès que nous fûmes établis, j'allai voir les magnifiques tableaux de toutes

les écoles, dont son appartement était rempli.
J'étais enchantée d'un voisinage qui me mettait à même de consulter les chefs-d'œuvre des
maîtres. M. Lebrun me témoignait une extrême
obligeance en me prêtant, pour les copier, des
tableaux d'une beauté admirable et d'un grand
prix. Je lui devais ainsi les plus fortes leçons
que je pusse prendre, lorsque au bout de six
mois il me demanda en mariage. J'étais loin
de vouloir l'épouser, quoiqu'il fût très bien
fait et qu'il eût une figure agréable. J'avais alors
vingt ans; je vivais sans inquiétude sur mon
avenir, puisque je gagnais beaucoup d'argent,
en sorte que je ne sentais aucun désir de me
marier. Mais ma mère, qui croyait M. Lebrun
fort riche, ne cessait de m'engager avec instances à ne point refuser un parti aussi avan-
tageux, et je me décidai enfin à ce mariage,
poussée surtout par l'envie de me soustraire
au tourment de vivre avec mon beau-père,
dont la mauvaise humeur augmentait chaque
jour depuis qu'il était oisif. Je me sentais si peu
entraînée, toutefois, à faire le sacrifice de ma

liberté, qu'en allant à l'église, je me disais encore : Dirai-je oui ? dirai-je non ? Hélas ! j'ai dit
oui, et j'ai changé mes peines contre d'autres
peines. Ce n'est pas que M. Lebrun fût un méchant homme : son caractère offrait un mélange
de douceur et de vivacité ; il était d'une grande
obligeance pour tout le monde, en un mot
assez aimable ; mais sa passion effrénée pour
les femmes de mauvaises mœurs, jointe à la
passion du jeu, ont causé la ruine de sa fortune
et la mienne, dont il disposait entièrement ; au
point qu'en 1789, lorsque je quittai la France,
je ne possédais pas vingt francs de revenu,
après avoir gagné, pour ma part, plus d'un mil-
lion. Il avait tout mangé.

Mon mariage fut tenu quelque temps secret :
M. Lebrun, ayant dû épouser la fille d'un Hol-
landais avec lequel il faisait un grand commerce
en tableaux, me pria de ne point le déclarer
avant qu'il eût terminé ses affaires. J'y consentis
d'autant plus volontiers, que je ne quittais pas
sans un grand regret mon nom de fille, sous
lequel j'étais déjà très connue ; mais ce mystère.

qui dura peu, n'en eut pas moins un résultat assez effrayant pour mon avenir. Plusieurs personnes, qui croyaient simplement que j'allais épouser M. Lebrun, venaient me trouver pour me détourner de faire une pareille sottise. Tantôt c'était Auber, joaillier de la couronne, qui me disait avec amitié : « Vous feriez mieux de vous attacher une pierre au cou et de vous jeter dans la rivière que d'épouser Lebrun. » Tantôt c'était la duchesse d'Aremberg, accompagnée de madame de Canillac, de madame de Souza (alors ambassadrice de Portugal), toutes trois si jeunes et si jolies, qui m'apportaient leurs conseils tardifs quand j'étais mariée depuis quinze jours. — Au nom du ciel, me disait la duchesse, n'épousez pas M. Lebrun, vous seriez trop malheureuse. Puis elle me contait une foule de choses que j'avais le bonheur de ne pas croire entièrement, quoiqu'elles se soient trop confirmées depuis; mais ma mère, qui se trouvait là, avait peine à retenir ses larmes.

Enfin la déclaration de mon mariage vint mettre un terme à ces tristes avertissemens,

qui grâce à ma chère peinture, avaient peu
altéré ma gaieté habituelle. Je ne pouvais suffire aux portraits qui m'étaient demandés de
toutes parts, et quoique M. Lebrun prît dès
lors l'habitude de s'emparer des paiemens, il
n'en imagina pas moins, pour augmenter notre
revenu, de me faire avoir des élèves. Je consentis à ce qu'il désirait, sans prendre le temps
d'y réfléchir, et bientôt il me vint plusieurs
demoiselles auxquelles je montrais à faire des
yeux, des nez, des ovales, qu'il fallait retoucher sans cesse, ce qui me détournait de mon
travail et m'ennuyait fortement.

Parmi mes élèves se trouvait mademoiselle
Emilie Roux de La Ville, qui depuis a épousé
M. Benoist, directeur des droits réunis, et pour
laquelle Demoustiers a écrit les Lettres sur la
Mythologie. Elle peignait au pastel des têtes où
s'annonçait déjà le talent qui lui a donné une
juste célébrité. Mademoiselle Emilie était la plus
jeune de mes élèves, pour la plupart plus âgées
que moi, ce qui nuisait prodigieusement au
respect que doit imprimer un chef d'école. J'a-

vais établi l'atelier de ces demoiselles dans un ancien grenier à fourrage, dont le plafond laissait à découvert de fort grosses poutres. Un matin, je monte et je trouve mes élèves, qui venaient d'attacher une corde à l'une de ces poutres, et qui se balançaient à qui mieux mieux. Je prends mon air sérieux, je gronde, je fais un discours superbe sur la perte du temps; puis voilà que je veux essayer la balançoire, et que je m'en amuse plus que toutes les autres. Vous jugez qu'avec de pareilles manières il m'était difficile de leur imposer beaucoup, et cet inconvénient, joint à l'ennui de revenir à l'a b c de mon art en corrigeant des études, me fit renoncer bien vite à tenir cette école.

L'obligation de laisser mon cher atelier pendant quelques heures avait encore ajouté, je crois, à mon amour pour le travail; je ne quittais plus mes pinceaux qu'à la nuit tout-à-fait close, et le nombre de portraits que j'ai faits à cette époque est vraiment prodigieux. Comme j'avais horreur du costume que les femmes

portaient alors, je faisais tous mes efforts pour
le rendre un peu plus pittoresque, et j'étais
ravie, quand j'obtenais la confiance de mes modèles, de pouvoir draper à ma fantaisie. On ne
portait point encore de schals; mais je dispo-
sais de larges écharpes, légèrement entrelacées
autour du corps et sur les bras, avec lesquelles
je tâchais d'imiter le beau style des draperies
de Raphaël et du Dominicain, ainsi que vous
avez pu le voir en Russie dans plusieurs de
mes portraits, notamment dans celui de ma
fille jouant de la guitare. En outre, je ne pouvais souffrir la poudre. J'obtins de la belle
duchesse de Grammont-Cadrousse qu'elle n'en
mettrait pas pour se faire peindre; ses cheveux
étaient d'un noir d'ébène; je les séparai sur
le front, arrangés en boucles irrégulières. Après
ma séance, qui finissait à l'heure du dîner, la
duchesse ne dérangeait rien à sa coiffure et allait ainsi au spectacle; une aussi jolie femme
devait donner le ton: cette mode prit douce-
ment, puis devint enfin générale. Ceci me
rappelle qu'en 1786, peignant la reine, je la

suppliai de ne point mettre de poudre et de
partager ses cheveux sur son front.—Je serai la
dernière à suivre cette mode, dit la reine en
riant, je ne veux pas qu'on dise que je l'ai ima-
ginée pour cacher mon grand front.

Je tâchais autant qu'il m'était possible de
donner aux femmes que je peignais l'attitude
et l'expression de leur physionomie; celles qui
n'avaient pas de physionomie (on en voit), je
les peignais rèveuses et nonchalamment ap-
puyées. Enfin, il faut croire qu'elles étaient
contentes; car je ne pouvais suffire aux demandes; on avait de la peine à se faire placer
sur ma liste; en un mot j'étais à la mode; il
semblait que tout se réunît pour m'y mettre.
Vous en jugerez par la scène suivante, qui m'a
toujours laissé un souvenir si flatteur : Quelque
temps après mon mariage, j'assistais à une
séance de l'Académie française ; La Harpe y lut
son discours sur les talens des femmes. Quand
il en vint à ces vers où l'éloge est si fort exa-
geré, et que j'entendais pour la première fois :

Lebrun, de la beauté le peintre et le modèle,
Moderne Rosalba, mais plus brillante qu'elle,
Joint la voix de Favart au souris de Vénus, etc.

l'auteur de *Warwick* me regarda : aussitôt tout le public (sans en excepter la duchesse de Chartres et le roi de Suède qui assistaient à la séance) se lève, se retourne vers moi, en m'applaudissant avec de tels transports que je fus prête à me trouver mal de confusion.

Ces jouissances d'amour-propre, dont je vous parle, chère amie, parce que vous avez exigé que je vous dise tout, sont bien loin de pouvoir se comparer à la jouissance que j'éprouvai lorsque au bout de deux années de mariage je devins grosse. Mais ici vous allez voir combien cet extrême amour de mon art me rendait imprévoyante sur les petits détails de la vie; car toute heureuse que je me sentais, à l'idée de devenir mère, les neufs mois de ma grossesse s'étaient passés sans que j'eusse songé le moins du monde à préparer rien de ce qu'il faut pour une accouchée. Le jour de la naissance de ma fille, je n'ai point quitté mon atelier, et je travaillais à ma Vénus qui lie les ailes de l'Amour, dans les intervalles que me laissaient les douleurs.

Madame de Verdun, ma plus ancienne amie, vint me voir le matin. Elle pressentit que j'accoucherais dans la journée, et comme elle me connaissait, elle me demanda si j'étais pourvue de tout ce qui me serait nécessaire; à quoi je répondis d'un air étonné que je ne savais pas ce qui m'était nécessaire. — Vous voilà bien, reprit-elle, vous êtes un vrai garçon. Je vous avertis, moi, que vous accoucherez ce soir. — Non! non! dis-je, j'ai demain séance, je ne veux pas accoucher aujourd'hui. Sans me répondre, madame de Verdun me quitta un instant pour envoyer chercher l'accoucheur, qui arriva presque aussitôt. Je le renvoyai, mais il resta caché chez moi jusqu'au soir, et à dix heures ma fille vint au monde. Je n'essaierai pas de décrire la joie qui me transporta quand j'entendis crier mon enfant. Cette joie, toutes les mères la connaissent; elle est d'autant plus vive qu'elle se joint au repos qui succède à des douleurs atroces, et selon moi, M. Dubuc l'exprimait parfaitement en disant : Le bonheur c'est l'intérêt dans le calme.

Pendant ma grossesse j'avais peint la duchesse de Mazarin, qui n'était plus jeune, mais qui était encore belle ; ma fille avait ses yeux et lui ressemblait prodigieusement. Cette duchesse de Mazarin est celle qu'on disait avoir été douée à sa naissance par trois fées : la fée Richesse, la fée Beauté, et la fée Guignon. Il est certain que la pauvre femme ne pouvait rien entreprendre, pas même de donner une fête, sans qu'un accident quelconque ne vînt se jeter à la traverse. On a souvent conté plusieurs accidens de sa vie dans ce genre ; en voici un moins connu : Un soir qu'elle donnait à souper à soixante personnes, elle imagine de faire placer au milieu de la table un énorme pâté, dans lequel se trouvaient enfermés une centaine de petits oiseaux vivans. Sur un signe de la duchesse, on ouvre la pâté, et voilà cette volatile effarouchée qui vole sur les visages, qui se niche dans les cheveux des femmes, toutes très parées et coiffées avec soin. Vous imaginez l'humeur, les cris? On ne pouvait se débarrasser de ces malheureux oiseaux; enfin on fut obligé de se lever de table, en maudissant une si sotte invention.

La duchesse de Mazarin était devenue fort grosse; on mettait un temps infini à la corser. Une visite lui vint un jour tandis qu'on la laçait, et une de ses femmes courut à la porte, en disant : « n'entrez pas avant que nous ayons arrangé les chairs. » Je me rappelle que cet excès d'embonpoint excitait l'admiration des ambassadeurs turcs. Comme on leur demandait à l'Opéra quelle femme leur plaisait davantage de toutes celles qui remplissaient les loges, ils répondirent sans hésiter que la duchesse de Mazarin était la plus belle, parce qu'elle était la plus grosse.

Puisque je vous parle d'ambassadeurs, je né veux pas oublier de vous dire comment j'ai peint dans ma vie deux diplomates, qui pour être cuivrés, n'en avaient pas moins des têtes superbes. En 1788, des ambassadeurs furent envoyés à Paris par l'empereur Tipoo-Saïb. Je vis ces Indiens à l'Opéra, et ils me parurent si extraordinairement pittoresques que je voulus faire leurs portraits. Ayant communiqué mon désir à leur interprète, je sus qu'ils ne consentiraient jamais à se laisser peindre si la demande ne venait pas du roi, et j'obtins cette faveur de Sa Majesté. Je me rendis à l'hôtel qu'ils habitaient (car ils voulaient être peints chez eux), avec de grandes toiles et des couleurs. Quand j'arrivai dans leur salon, un d'eux apporta de l'eau de rose et m'en jeta sur les mains; puis le plus grand, qui s'appelait Davich Khan, me donna séance. Je le fis en pied, tenant son poignard. Les draperies, les mains, tout fut fait d'après lui, tant il se tenait avec complaisance. Je laissais sécher le tableau dans un autre salon.

Je commençai ensuite le portrait du vieux ambassadeur, que je représentai assis avec son fils près de lui. Le père surtout avait une tête superbe. Tous deux étaient vêtus de robes de mousseline blanche, parsemée de fleurs d'or; et ces robes, espèces de tuniques avec de larges manches plissées en travers, étaient retenues par de riches ceintures. Je finis alors entièrement le tableau, à l'exception du fond et du bas des robes.

Madame de Bonneuil à qui j'avais parlé de mes séances désirait beaucoup voir ces ambassadeurs. Ils nous invitèrent toutes deux à dîner, et nous acceptâmes par pure curiosité. En entrant dans la salle à manger nous fûmes un peu surprises de trouver le dîner servi par terre, ce qui nous obligea à nous tenir comme eux presque couchées autour de la table. Ils nous servirent avec leurs mains ce qu'ils prenaient dans les plats, dont l'un contenait une fricassée de pieds de mouton à la sauce blanche, très épicée, et l'autre, je ne sais quel ragoût. Vous devez penser que nous fîmes un triste repas : il nous répugnait trop de les voir employer leurs mains bronzées en guise de cuillères.

Ces ambassadeurs avaient amené avec eux un jeune homme, qui parlait un peu le français. Madame de Bonneuil, pendant les séances, lui apprenait à chanter *Annette à l'âge de quinze ans.* Lorsque nous allâmes faire nos adieux, ce jeune homme nous dit sa chanson, et nous témoigna le regret de nous quitter en disant : « Ah ! comme mon cœur pleure ! » Ce que je trouvai fort oriental et fort bien dit.

Lorsque le portrait de Davich Khan fut sec, je l'envoyai chercher ; mais il l'avait caché derrière son lit et ne voulait point le rendre, prétendant qu'il fallait une ame à ce portrait. Ce refus donna lieu à de fort jolis vers qui me furent adressés et que je copie ici.

A MADAME LEBRUN,

Au sujet du portrait de Davich Khan, et du préjugé des Orientaux contre la peinture.

Ce n'est point aux climats où règnent les sultans
Que le marbre s'anime et la toile respire.
   Les préjugés de leurs imans
   Du dieu des arts ont renversé l'empire.
Ils ont rêvé qu'*Allah*, jaloux de nos talens,

Doit, en jugeant les mondes et les âges,

Donner une ame à ces images

Qui sauvent la beauté du ravage des temps.

Sublime Allah! tu ris de cette erreur impie!

Tu conviendras, voyant cette copie,

Où l'art de la nature a surpris les secrets,

Que, comme toi, le génie a ses flammes;

Et que Lebrun, en peignant des portraits,

Sait aussi leur donner une ame.

Je ne pus avoir mon tableau qu'en employant la supercherie; et lorsque l'ambassadeur ne le retrouva plus, il s'en prit à son valet de chambre qu'il voulait tuer. L'interprète eut toutes les peines du monde à lui faire comprendre qu'on ne tuait pas les valets de chambre à Paris, et fut obligé de lui dire que le roi de France avait fait demander le portrait.

Ces deux tableaux ont été exposés au salon, en 1789. Après la mort de M. Lebrun, qui s'était emparé de tous mes ouvrages, ils ont été vendus, et j'ignore qui les possède aujourd'hui.

Adieu, chère et aimable amie.

LETTRE V.

La Reine. — Mes séances à Versailles — Portraits que je fais
d'elle à différentes époques. — Sa bonté. — Louis XVI. —
Dernier bal de la Cour à Versailles. — Madame Élisabeth.
Monsieur, frère du roi. — La princesse Lamballe.

C'est en l'année 1779, ma chère amie, que
j'ai fait pour la première fois le portrait de la
reine, alors dans tout l'éclat de sa jeunesse et
de sa beauté. Marie-Antoinette était grande,
admirablement bien faite, assez grasse sans
l'être trop. Ses bras étaient superbes, ses mains
petites, parfaites de forme, et ses pieds char-

mans. Elle était la femme de France qui marchait le mieux; portant la tête fort élevée, avec une majesté qui faisait reconnaître la souveraine au milieu de toute sa cour, sans pourtant que cette majesté nuisît en rien à tout ce que son aspect avait de doux et de bienveillant. Enfin, il est très difficile de donner à qui n'a pas vu la reine, une idée de tant de grâces et de tant de noblesse réunies. Ses traits n'étaient point réguliers, elle tenait de sa famille cet ovale long et étroit particulier à la nation autrichienne. Elle n'avait point de grands yeux; leur couleur était presque bleue; son regard était spirituel et doux, son nez fin et joli, sa bouche pas trop grande, quoique les lèvres fussent un peu fortes. Mais ce qu'il y avait de plus remarquable dans son visage, c'était l'éclat de son teint. Je n'en ai jamais vu d'aussi brillant, et brillant est le mot; car sa peau était si transparente qu'elle ne prenait point d'ombre. Aussi ne pouvais-je en rendre l'effet à mon gré : les couleurs me manquaient pour peindre cette fraîcheur, ces tons si fins qui n'appartenaient

qu'à cette charmante figure et que je n'ai re-
trouvés chez aucune autre femme.

A la première séance, l'air imposant de la
reine m'intimida d'abord prodigieusement;
mais S. M. me parla avec tant de bonté que sa
grace si bienveillante dissipa bientôt cette impression. C'est alors que je fis le portrait qui la
représente avec un grand panier, vêtue d'une
robe de satin et tenant une rose à la main. Ce
portrait était destiné à son frère, l'empereur
Joseph II, et la reine m'en ordonna deux copies : l'une pour l'impératrice de Russie, l'autre
pour ses appartememens de Versailles ou de
Fontainebleau.

J'ai fait successivement à diverses époques
plusieurs autres portraits de la reine (1). Dans
l'un, je ne l'ai peinte que jusqu'aux genoux,

(1) Je ne sais pour lequel La Harpe fit les vers suivans :

Quatrain pour le portrait de la reine.

Le ciel mit dans ses traits cet éclat qu'on admire;
France, il la couronna pour ta félicité :
Un sceptre est inutile avec tant de beauté;
Mais à tant de vertus il fallait un empire.

I.   5

avec une robe nacaral et placée devant une table, sur laquelle elle arrange des fleurs dans un vase. On peut croire que je préférais beaucoup la peindre sans grande toilette et surtout sans grand panier. Ces portraits étaient donnés à ses amis, quelques-uns à des ambassadeurs. Un entre autres la représente coiffée d'un chapeau de paille et habillée d'une robe de mousseline blanche dont les manches sont plissées en travers, mais assez ajustées : quand celui-ci fut exposé au salon, les méchans ne manquèrent pas de dire que la reine s'était fait peindre en chemise; car nous étions en 1786, et déjà la calomnie commençait à s'exercer sur elle.

Ce portrait toutefois n'en eut pas moins un grand succès. Vers la fin de l'exposition on fit une petite pièce au Vaudeville, qui, je crois, avait pour titre : *la Réunion des Arts*. Brongniart, l'architecte, et sa femme, que l'auteur avait mis dans sa confidence, firent louer une loge aux premières et vinrent me chercher le jour de la première représentation pour me conduire au spectacle. Comme je ne pouvais

nullement me douter de la surprise qu'on me
ménageait, vous pouvez juger de mon émotion
lorsque la peinture arriva, et que je vis l'actrice me copier d'une manière surprenante,
peignant le portrait de la reine. Au même
instant, tout ce qui était au parterre et dans
les loges se retourna vers moi en applaudissant
à tout rompre, et je ne crois pas que l'on puisse
être à la fois aussi touchée, aussi reconnais-
sante que je le fus ce soir-là.

La timidité que m'avait inspirée le premier
aspect de la reine avait entièrement cédé à
cette gracieuse bonté qu'elle me témoignait
toujours. Dès que S. M. eut entendu dire que
j'avais une jolie voix, elle me donnait peu de
séances sans me faire chanter avec elle plusieurs
duos de Grétry, car elle aimait infiniment la
musique, quoique sa voix ne fût pas d'une
grande justesse. Quant à son entretien ; il me
serait difficile d'en peindre toute la grace, toute
la bienveillance; je ne crois pas que la reine
Marie-Antoinette ait jamais manqué l'occasion
de dire une chose agréable à ceux qui avaient

l'honneur de l'approcher, et la bonté qu'elle
m'a toujours témoignée est un de mes plus
doux souvenirs.

Un jour il m'arriva de manquer au rendez-
vous qu'elle m'avait donné pour une séance;
parce que étant alors très avancée dans ma seconde grossesse, je m'étais sentie tout à coup
fort souffrante. Je me hâtai le lendemain de
me rendre à Versailles pour m'excuser. La reine
ne m'attendait pas, elle avait fait atteler sa calèche pour aller se promener, et cette calèche
fut la première chose que j'aperçus en entrant
dans la cour du château. Toutefois je ne montai
pas moins parler aux garçons de la chambre.
L'un d'eux, M. Campan (1), me reçut d'un air
sec et froid, et me dit d'un ton colère, avec sa
voix de stentor : — C'était hier, madame, que
Sa Majesté vous attendait, et bien sûrement
elle va se promener, et bien sûrement elle ne

(1) Ce M. Campan parlait toujours de la reine. Un jour qu'il
dînait chez moi, ma fille, qui avait alors sept ans, me dit tout
bas : Maman, ce Monsieur, est-ce le roi ?

vous donnera pas séance. Sur ma réponse, que
je venais simplement prendre les ordres de Sa
Majesté pour un autre jour, il va trouver la
reine, qui me fait entrer aussitôt dans son cabinet. Sa Majesté finissait sa toilette; elle tenait
un livre à la main pour faire répéter une leçon
à sa fille, la jeune Madame. Le cœur me battait;
car j'avais d'autant plus peur que j'avais tort.
La reine se tourna vers moi et me dit avec douceur : — Je vous ai attendue hier toute la matinée, que vous est-il donc arrivé? — Hélas!
madame, répondis-je, j'étais si souffrante que
je n'ai pu me rendre aux ordres de Votre Majesté. Je viens aujourd'hui pour les recevoir,
et je repars à l'instant. — Non! non! ne partez
pas, reprit la reine; je ne veux pas que vous
ayez fait cette course inutilement. Elle décom-
manda sa calèche et me donna séance. Je me
rappelle que dans l'empressement où j'étais de
répondre à cette bonté, je saisis ma boîte à couleurs avec tant de vivacité qu'elle se renversa;
mes brosses, mes pinceaux tombèrent sur le
parquet; je me baissais pour réparer ma mal-

adresse.—Laissez, laissez, dit la reine, vous êtes trop avancée dans votre grossesse pour vous baisser; et, quoi que je pusse dire, elle releva tout elle-même.

Lors du dernier voyage qui s'est fait à Fontainebleau, où la cour suivant l'usage devait être en grande représentation, je m'y rendis pour jouir de ce spectacle. J'y vis la reine dans la plus grande parure, couverte de diamans, et, comme un magnifique soleil l'éclairait, elle me parut vraiment éblouissante. Sa tête élevée sur son beau col grec, lui donnait, en marchant, un air si imposant, si majestueux, que l'on croyait voir une déesse au milieu de ses nymphes. Pendant la première séance que j'eus de S. M. au retour de ce voyage, je me permis de parler de l'impression que j'avais reçue, et de dire à la reine combien l'élévation de sa tête ajoutait à la noblesse de son aspect. Elle me répondit d'un ton de plaisanterie : Si je n'étais pas reine, on dirait que j'ai l'air insolent; n'est-il pas vrai ?

La reine ne négligeait rien pour faire acquérir à ses enfans ces manières gracieuses et affables qui la rendaient si chère à ceux qui l'entouraient. Je l'ai vue faisant dîner Madame, alors âgée de six ans, avec une petite paysanne dont elle prenait soin, vouloir que cette petite fût servie la première, en disant à sa fille : « Vous devez lui faire les honneurs. »

La dernière séance que j'eus de S. M. me fut donnée à Trianon, où je fis sa tête pour le grand tableau dans lequel je l'ai peinte avec ses enfans. Je me souviens que le baron de Breteuil, alors ministre, était présent, et que tant que dura la séance, il ne cessa de médire de toutes les femmes de la cour. Il fallait qu'il me crût sourde ou bien bonne personne, pour ne pas craindre que je pusse rapporter aux intéressées quelques-uns de ses méchans propos. Le fait est que jamais il ne m'est arrivé d'en répéter un seul, quoique je n'en aie oublié aucun.

Après avoir fait la tête de la reine, ainsi que les études séparées du premier dauphin, de Madame Royale et du duc de Normandie, je m'occupai aussitôt de mon tableau auquel j'attachais une grande importance, et je le terminai pour le salon de 1788. La bordure ayant été portée seule, suffit pour exciter mille mauvais propos : *voilà le déficit*, disait-on ; et beaucoup d'autres choses qui m'étaient rapportées et me faisaient prévoir les plus amères critiques. Enfin j'envoyai mon tableau ; mais je n'eus pas le courage de le suivre pour savoir aussitôt quel serait son sort, tant je craignais qu'il ne fût mal reçu du public ; ma peur était si forte que j'en avais la fièvre. J'allai me renfermer dans ma chambre, et j'étais là, priant Dieu pour le succès de *ma* famille royale, quand mon frère et une foule d'amis vinrent me dire que j'obtenais le suffrage général.

Après le salon, le roi ayant fait apporter ce tableau à Versailles, ce fut M. d'Angevilliers, alors ministre des arts et directeur des bâtimens royaux qui me présenta à Sa Majesté. Louis XVI eut la bonté de causer longtemps avec moi, de me dire qu'il était fort content ; puis il ajouta, en regardant encore mon ou-

vrage : « Je ne me connais pas en peinture;
mais vous me la faites aimer. »

Mon tableau fut placé dans une des salles
du château de Versailles, et la reine passait
devant en allant et en revenant de la messe.
A la mort de monsieur le dauphin (au com-
mencement de 1789), cette vue ranimait si
vivement le souvenir de la perte cruelle qu'elle
venait de faire, qu'elle ne pouvait plus traverser cette salle sans verser des larmes; elle
dit à M. d'Angevilliers de faire enlever ce tableau ; mais avec sa grace habituelle, elle eut
soin de m'en instruire aussitôt, en me faisant
savoir le motif de ce déplacement. C'est à la
sensibilité de la reine que j'ai dû la conservation de mon tableau ; car les poissardes et
les bandits qui vinrent peu de temps après
chercher Leurs Majestés à Versailles, l'auraient
infailliblement lacéré, ainsi qu'ils firent du lit
de la reine, qui a été percé de part en part !

Je n'ai jamais eu la jouissance de revoir
Marie - Antoinette depuis le dernier bal de la
cour à Versailles; ce bal se donnait dans la

salle de spectacle, et la loge où je me trouvais placée était assez près de la reine pour que je puisse entendre ce qu'elle disait. Je la voyais fort agitée, invitant à danser les jeunes gens de la cour, tels que M. de Lameth (1) et d'autres, qui tous la refusaient ; si bien que la plupart des contredanses ne purent s'arranger. La conduite de ces messieurs était d'une inconvenance qui me frappa ; je ne sais pourquoi leur refus me semblait une sorte de révolte, préludant à des révoltes plus graves. La révolution approchait : elle éclata l'année suivante.

A l'exception de M. le comte d'Artois dont je n'ai pas fait le portrait, j'ai peint successivement toute la famille royale ; les enfans de France ; Monsieur, frère du roi (depuis Louis XVIII) ; Madame, madame la comtesse d'Artois et madame Élisabeth. Les traits de cette dernière n'étaient point réguliers ; mais son visage exprimait la plus douce bienveillance et sa grande fraîcheur était remarquable ;

---

(1) Cette famille avait été comblée des bontés de la reine.

en tout elle avait le charme d'une jolie bergère.
Vous n'ignorez pas, chère amie, que madame
Élisabeth était un ange de bonté. Combien de
fois ai-je été témoin du bien qu'elle faisait aux
malheureux. Son cœur renfermait toutes les
vertus ; indulgente, modeste, sensible, dévouée, la révolution l'a conduite à déployer
un courage héroïque; on a vu cette douce
princesse, marcher au-devant des cannibales
qui venaient pour assassiner la reine, en disant :
Ils me prendront pour elle !

Le portrait que j'ai fait de Monsieur, m'a
donné l'occasion de connaître un prince dont
on pouvait sans flatterie vanter et l'esprit et
l'instruction ; il était impossible de ne pas se
plaire à l'entretien de Louis XVIII, qui causait
sur toutes choses avec autant de goût que de
savoir. Quelquefois, pour varier sans doute, il
me chantait, pendant nos séances, des chansons
qui n'étaient pas indécentes, mais si commu-
nes, que je ne pouvais comprendre par quel
chemin de pareilles sottises arrivaient jusqu'à
la cour. Il avait la voix la plus fausse du monde.

— Comment trouvez-vous que je chante, Madame Lebrun ? me dit-il un jour — Comme un prince, Monseigneur, répondis-je.

Le marquis de Montesquiou, grand écuyer de Monsieur, m'envoyait une fort belle voiture à huit chevaux pour me conduire à Versailles et me ramener avec ma mère, que j'avais priée de m'accompagner. Tout le long de la route on se mettait aux fenêtres pour me voir passer, chacun m'ôtait son chapeau; je riais de ces hommages rendus aux huit chevaux et au piqueur qui courait devant; car revenue à Paris, je montais en fiacre, et personne ne me regardait plus.

Monsieur était dès lors ce qu'on appelle un libéral (dans le sens modéré du mot, vous sentez bien); lui et ses courtisans formaient à la cour un parti très distinct de celui du roi. Aussi ne fus-je point surprise de voir pendant la révolution, le marquis de Montesquiou nommé général en chef de l'armée républicaine en Savoie. Je n'eus alors qu'à me rappeler les discours étranges que je lui avais entendu tenir devant moi, sans parler des propos qu'il se permettait si ouvertement contre la reine et tous ceux qu'elle aimait ; quant à Monsieur lui-même, les journaux nous le montrent se rendant à l'Assemblée nationale, pour y dire qu'il ne venait point siéger comme *prince*, mais comme *citoyen*. Je n'en crois pas moins qu'une pareille déclaration ne suffisait pas pour sauver sa tête, et qu'il a fort bien fait un peu plus tard de quitter la France.

A la même époque j'ai fait aussi le portrait de la princesse Lamballe. Sans être jolie elle paraissait l'être à quelque distance ; elle avait de petits traits, un teint éblouissant de fraîcheur, de superbes cheveux blonds, et beaucoup d'élégance dans toute sa personne. L'horrible fin de cette malheureuse princesse est assez connue, de même que le dévouement dont elle a péri victime; car en 1793 elle était à Turin, à l'abri de tout péril, lorsqu'elle rentra en France dès qu'elle sut la reine en danger.

Me voilà bien loin, chère amie, de l'année

1779; mais j'ai préféré vous parler dans une même lettre des rapports que j'ai eus comme artiste avec tous ces grands personnages, dont il n'existe plus aujourd'hui que le comte d'Artois (Charles X), et la fille infortunée de Marie-Antoinette.

Mille tendres amitiés.

LETTRE VI.

En 1782 M. Lebrun me mena en Flandre où des affaires l'appelaient. On faisait alors à Bruxelles une vente de la superbe collection de tableaux du prince Charles, et nous allâmes

voir l'exposition. Je trouvai là plusieurs dames
de la cour qui m'accueillirent avec une extrême bonté, entre autres, la princesse d'A-
remberg que j'avais beaucoup vue à Paris;
mais la rencontre dont je me félicitai le plus
fut celle du prince de Ligne, que je ne connaissais point encore, et qui, sous le rapport
d'esprit et d'amabilité, a laissé une réputation
pour ainsi dire historique. Il nous engagea à
venir voir sa galerie, où j'admirai plusieurs
chefs-d'œuvre, principalement des portraits de
Vandick et des têtes de Rubens, car il possédait
peu de tableaux italiens. Il voulut aussi nous
recevoir dans sa superbe habitation de Bel-
Œil. Je me souviens qu'il nous fit monter dans
un belvéder, bâti sur le sommet d'une montagne qui dominait toutes ses terres et tous le
pays d'alentour. L'air parfait qu'on y respi-
rait, joint à cette belle vue, avait quelque
chose d'enchanteur; mais ce qui effaçait tout
dans ce beau lieu, c'était l'accueil d'un maître
de maison qui pour la grace de son esprit et
de ses manières n'a jamais eu de pareil.

La ville de Bruxelles à cette époque me parut riche et animée. Dans la haute société, par exemple, on s'occupait tellement de plaisirs, que plusieurs amis du prince de Ligne partaient quelquefois de Bruxelles après leur déjeuner, arrivaient à l'Opéra de Paris tout juste à l'heure de voir lever la toile, et, le spectacle fini, retournaient aussitôt à Bruxelles, courant toute la nuit : voilà ce qui s'appelle aimer l'opéra.

Nous quittâmes Bruxelles pour aller en Hollande et dans le Northollande. La vue de Sardam et de Mars me plut extrêmement : ces deux petites villes sont si propres, si bien tenues, que l'on envie le sort des habitans. Les rues étant fort étroites et bordées de canaux, on n'y va point en voiture, mais à cheval, et l'on se sert de petites barques pour le transport des marchandises. Les maisons, qui sont très basses, ont deux portes : celle de la naissance, puis celle de la mort, par laquelle on ne passe que dans un cercueil. Les toits de ces maisons sont aussi brillans que s'ils étaient d'acier, et tout est si merveilleusement soigné, que je me rappelle avoir vu en dehors de la boutique d'un maréchal ferrant une espèce de lanterne dorée et polie comme pour un boudoir.

Les femmes du peuple, dans cette partie de la Hollande, m'ont semblé fort belles, mais si sauvages, que la vue d'un étranger les faisait fuir aussitôt. Elles étaient ainsi alors; je suppose cependant que le séjour des Français dans leur pays a pu les apprivoiser.

Nous finîmes par visiter Amsterdam, et là je vis à l'hôtel de ville le superbe tableau de Wanols qui représente les bourguemestres assemblés. Je ne crois pas qu'il existe en peinture rien de plus beau, rien de plus vrai : c'est la nature même. Les bourguemestres sont vêtus de noir; les têtes, les mains, les draperies, tout est d'une beauté inimitable : ces hommes vivent, on se croit avec eux. Je suis persuadée que c'est le tableau de ce genre le plus parfait; je ne pouvais le quitter, et l'impression qu'il m'a faite me le rend encore présent.

Nous revînmes en Flandre revoir les chefs-d'œuvre de Rubens. Ils étaient bien mieux

placés alors qu'ils ne l'ont été depuis au musée
de Paris; tous produisaient un effet admirable
dans ces églises flamandes. D'autres chefs-
d'œuvre du même maître ornaient les galeries
d'amateurs : à Anvers, je trouvai chez un particulier le fameux *chapeau de paille* qui vient
d'être vendu dernièrement à un Anglais pour
une somme considérable. Cet admirable tableau représente une des femmes de Rubens;
son grand effet réside dans les deux différentes
lumières que donnent le simple jour et la lueur
du soleil. (1) et peut-être faut-il être peintre
pour juger tout le mérite d'exécution qu'a
déployé là Rubens. Ce tableau me ravit et
m'inspira au point que je fis mon portrait à
Bruxelles en cherchant le même effet. Je me
peignis portant sur la tête un chapeau de paille,
une plume et une guirlande de fleurs des
champs, et tenant ma palette à la main. Quand

(1) Les clairs sont au soleil; ce qu'il me faut appeler les
ombres, faute d'un autre mot, est le jour.

(*Note de l'Auteur.*)

le portrait fut exposé au salon, j'ose vous dire qu'il ajouta beaucoup à ma réputation. Le célèbre Muller l'a gravé; mais vous devez sentir que les ombres noires de la gravure enlèvent tout l'effet d'un pareil tableau.

Peu de temps après mon retour de Flandre, en 1783, le portrait dont je vous parle et plusieurs autres ouvrages décidèrent Joseph Vernet à me proposer comme membre de l'Académie royale de peinture. M. Pierre, alors premier peintre du roi, s'y opposait fortement, ne voulant pas, disait-il, que l'on reçût des femmes, et pourtant madame Valleyer-Coster, qui peignait parfaitement les fleurs, était déjà reçue; je crois même que madame Vien l'était aussi. Quoi qu'il en soit, M. Pierre (peintre fort médiocre, car il ne voyait dans la peinture que le maniement de la brosse) avait de l'esprit; de plus, il était riche, ce qui lui donnait les moyens de recevoir avec faste les artistes, qui dans ce temps étaient moins fortunés qu'ils ne le sont aujourd'hui. Son opposition aurait donc pu me devenir fatale, si dans ce temps-là

tous les vrais amateurs n'avaient pas été asso-
ciés à l'Académie de peinture; ils formaient
une cabale pour moi contre celle de M. Pierre,
et c'est alors qu'on fit ce couplet.

A MADAME LEBRUN.

Sur l'air : *Jardinier ne vois-tu pas.*

Au salon ton art vainqueur
Devrait être en lumière (1).
Pour te ravir cet bonheur,
Lise, il faut avoir le cœur
De Pierre, de Pierre, de Pierre.

Enfin je fus reçue; et je donnai pour tableau
de réception la Paix qui ramène l'Abondance (2).
M. Pierre alors fit courir le bruit que c'était
par ordre de la cour qu'on me recevait. Je
pense bien en effet que le roi et la reine étaient
assez bons pour désirer me voir entrer à l'Académie ; mais voilà tout.

(1) Les seuls membres de l'Académie royale de peinture
avaient le droit, à cette époque, d'exposer au salon.
(*Note de l'Éditeur.*)

(2) Ce tableau est au ministère de l'intérieur. On aurait bien
dû me le rendre, puisque je ne suis plus de l'Académie.
(*Note de l'Auteur.*)

Je continuais à peindre avec fureur, j'avais souvent trois séances dans la même journée, et celles de l'après-dîner, qui me fatiguaient à l'excès, amenèrent un délabrement d'estomac tel, que je ne digérais plus rien, en sorte que je maigrissais à faire peur. Mes amis me firent ordonner alors par le médecin de dormir tous les jours après mon dîner. D'abord j'eus quelque peine à prendre cette habitude ; mais on m'enfermait dans ma chambre, les rideaux fermés, et peu à peu le sommeil arriva. Je suis persuadée que je dois la vie à cette ordonnance. Vous savez, chère amie, combien je tiens à ce que j'appelle mon *calme* ? C'est qu'un travail forcé, joint à la fatigue de mes longs voyages, me l'a rendu tout-à-fait nécessaire ; sans ce court et léger repos, dont j'ai conservé l'habitude, je n'existerais plus. Tout ce que je puis reprocher à cette *sieste* obligée, c'est de m'avoir privée sans retour du plaisir d'aller dîner en ville ; et comme je consacrais la matinée entière à la peinture, il ne m'a jamais été permis de voir mes amis que le soir. Il est vrai qu'alors, au-

cune des jouissances qu'offre le monde ne
m'était refusée, car je passais mes soirées dans
la société la plus aimable et la plus brillante.

Après mon mariage, je logeais encore rue
de Cléry, où M. Lebrun avait un grand appartement, fort richement meublé, dans lequel il
plaçait ses tableaux de tous les grands maîtres.
Quant à moi, je m'étais réduite à occuper une
petite antichambre, et une chambre à coucher
qui me servait de salon. Cette chambre était
tendue de papier, pareil à la toile de Joui des
rideaux de mon lit. Les meubles en étaient fort
simples, trop simples peut-être, ce qui n'a pas
empêché M. de Champcenetz (vu que sa belle-
mère était jalouse de moi), d'écrire que *madame Lebrun avait des lambris dorés, qu'elle
allumait son feu avec des billets de caisse, et
qu'elle ne brûlait que du bois d'aloës*; mais je
tarde autant que possible, chère amie, à vous
parler des mille calomnies dont j'ai été victime;
nous y viendrons. Ce qui les explique, ces calomnies, c'est que dans le modeste appartement dont
je vous parle, je recevais chaque soir la ville

et la cour. Grandes dames, grands seigneurs,
hommes marquans dans les lettres et dans les
arts, tout arrivait dans cette chambre; c'était à
qui serait de mes soirées où souvent la foule
était telle que, faute de siége, les maréchaux de
France s'asseyaient par terre, et je me rappelle
que le maréchal de Noailles, très gros et très
âgé, avait la plus grande peine à se relever.

J'étais bien loin de me flatter, comme vous
pouvez croire, que tous vinsssent pour moi :
ainsi qu'il arrive dans les maisons ouvertes, les
uns venaient pour trouver les autres, et le plus
grand nombre pour entendre la meilleure musique qui se fît alors à Paris. Les compositeurs
célèbres, Grétry, Sacchini, Martini, faisaient
souvent entendre chez moi les morceaux de
leurs opéras avant la première représentation.
Nos chanteurs habituels étaient Garat, Asvédo,
Richer, madame Todi, ma belle-sœur, qui avait
une très belle voix, et pouvait tout accompagner à livre ouvert, ce qui nous était fort
utile. Moi-même je chantais quelquefois, sans
méthode à la vérité, car je n'avais jamais eu le

temps de prendre des leçons, mais ma voix
était assez agréable; cet aimable Grétry disait
que j'avais des sons argentés. Au reste, il fallait
mettre à part toutes prétentions pour chanter
avec ceux que je viens de nommer; car Garat
surtout peut être cité comme le talent le plus
extraordinaire qu'on ait jamais entendu. Non
seulement il n'existait pas de difficultés pour ce
gosier si flexible; mais sous le rapport de l'expression, il n'avait point de rival, aussi personne, je crois, n'a chanté Gluck aussi bien que
lui. Quant à madame Todi, elle réunissait à
une voix superbe toutes les qualités d'une
grande cantatrice, et elle chantait le bouffon
et le sérieux avec la même perfection.

Pour la musique instrumentale, j'avais comme
violiniste Viotti, dont le jeu, plein de grâce,
de force et d'expression, était si ravissant!
Jarnovick, Maestrino, le prince Henri de Prusse,
excellent amateur, qui de plus m'amenait son
premier violon. Salentin jouait du hautbois, Hul-
mandel et Cramer du piano, madame de Mont-
geron vint aussi une fois, peu de temps après

son mariage. Quoiqu'elle fût très jeune alors,
elle n'en étonna pas moins toute ma société,
qui vraiment était fort difficile, par son admirable exécution et surtout par son expression ;
elle faisait parler les touches. Depuis, et déjà
placée au premier rang comme pianiste, vous
savez combien madame de Montgerou s'est
distinguée comme compositeur.

A l'époque où je donnais mes concerts, on
avait le goût et le temps de s'amuser ; et même,
quelques années plus tôt, l'amour de la musique était si général, qu'il avait élevé des que-
relles sérieuses entre ce qu'on appelait les gluc-
kistes et les piccinistes. Tous les amateurs s'é-
taient séparés en deux partis acharnés l'un
contre l'autre. Le champ de bataille ordinaire
était le jardin du Palais-Royal. Là, les partisans de Gluck et les partisans de Piccini disputaient avec une telle violence qu'il s'en est
suivi plus d'un duel. On se querellait bien aussi
dans plusieurs salons pour ces deux grands
maîtres. Marmontel et l'abbé Arnault se trouvaient en opposition ; car Marmontel était pic-

ciniste, et l'abbé gluckiste forcené. Tous deux se lançaient des épigrammes, des couplets. L'abbé Arnault, par exemple, fit les vers suivans :

Ce Marmontel, si lent, si lourd,
Qui ne parle pas, mais qui beugle,
Juge la peinture en aveugle,
Et la musique comme un sourd.

Marmontel répondit par ce couplet :

L'abbé Fatras,
De Carpentras,
Demande un bénéfice.
Il l'obtiendra,
Car l'Opéra
Lui tient lieu de l'office.

Convenez, ma chère, que c'était un heureux temps que le temps où les sujets de trouble n'étaient pas plus graves, et ne pouvaient naître qu'entre gens éclairés; mais je reviens à mes concerts.

Les femmes qui s'y trouvaient habituellement étaient la marquise de Groslier, Mme de Verdun, la marquise de Sabran qui depuis a épousé le chevalier de Boufflers, madame le Couteux du Molay, toutes quatre mes meilleures amies, la comtesse de Ségur, la marquise de Rougé, madame de Pézé, son amie, que j'ai peinte avec elle dans le même tableau, une foule d'autres dames françaises, que, vu la petitesse du local, je ne pouvais recevoir que plus rarement, et les étrangères les plus distinguées. Quant aux hommes, il serait trop long de vous les nommer, attendu que je crois avoir vu chez moi tout ce que Paris renfermait de gens à talent et de gens d'esprit.

Je choisissais dans cette foule les plus aimables pour les inviter à mes soupers, que l'abbé Delille, Lebrun le poète, le chevalier de Boufflers, le vicomte de Ségur et d'autres, rendaient les plus amusans de Paris. On ne saurait juger ce qu'était la société en France, quand on n'a pas vu le temps où, toutes les affaires du jour terminées, douze ou quinze personnes aimables se réunissaient chez une maîtresse de maison, pour y finir leur soirée. L'aisance, la douce gaieté, qui régnaient à ces légers repas du soir, leur donnaient un charme que les dîners n'auront jamais. Une sorte de confiance et d'intimité régnait entre les convives; et comme les gens de bon ton peuvent toujours bannir la gêne sans inconvénient, c'était dans les soupers que la bonne société de Paris se montrait supérieure à celle de toute l'Europe.

Chez moi, par exemple, on se réunissait vers neuf heures. Jamais on ne parlait politique; mais on causait de littérature, on racontait l'anecdote du jour. Quelquefois nous nous amusions à jouer des charades en action, et quelquefois aussi l'abbé Delille ou Lebrun (Pindare) nous lisaient quelques-uns de leurs vers. A dix heures, on se mettait à table; mon souper était des plus simples. Il se composait toujours d'une volaille, d'un poisson, d'un plat de légumes et d'une salade; en sorte que si je me laissais entraîner à retenir quelques visites, il n'y avait réellement plus de quoi manger pour tout le monde; mais peu importait, on était gai, on était aimable, les heures passaient comme des minutes, et vers minuit chacun se retirait.

Non seulement j'avais des soupers chez moi, mais je soupais fréquemment en ville; car je ne pouvais disposer de mon temps que le soir. Il m'était doux alors de me reposer de mon travail par quelque distraction agréable. Tantôt c'était un bal, bal où l'on n'étouffait point comme aujourd'hui. Huit personnes seulement formaient la contredanse, et les femmes qui ne dansaient pas pouvaient au moins voir danser; car les hommes se tenaient debout derrière elles. N'ayant jamais aimé la danse, je préférais de beaucoup les maisons où l'on faisait de la musique. J'allais souvent passer la soirée chez M. de Rivière (1), où nous jouions la comédie et l'opéra comique. Sa fille, ma belle-sœur, chantait à merveille, et pouvait passer pour une excellente actrice. Le fils aîné de M. de Rivière était charmant dans les rôles

(1) M. de Rivière était chargé d'affaires de la cour de Saxe. C'était un homme distingué par son esprit et ses qualités morales.   (*Note de l'Auteur.*)

comiques, et l'on m'avait donné l'emploi des soubrettes dans l'opéra et dans la comédie. Madame la Ruette, retirée du théâtre depuis plusieurs années, ne dédaignait point notre troupe. Elle a joué avec nous dans divers opéras, et sa voix était encore fraîche et fort belle. Mon frère Vigée jouait les premiers rôles avec un véritable succès; enfin, tous nos acteurs étaient excellens, excepté Talma. Vous riez sans doute? Le fait est que Talma, qui jouait les amoureux avec nous, était gauche, embarrassé, et que personne alors n'aurait pu prévoir qu'il deviendrait un acteur inimitable. Ma surprise a été grande, je l'avoue, quand j'ai vu notre jeune premier surpasser Larive et remplacer le Kain. Mais le temps qu'il a fallu pour opérer cette métamorphose et toutes celles du même genre, me prouve qu'un talent dramatique est de tous les talens celui qui s'acquiert le plus tard. Remarquez bien qu'on ne connaît pas un seul grand acteur qui l'ait été dans sa jeunesse.

Cette lettre est énorme. Je n'ai plus d'espace

pour vous parler d'un certain souper grec,
dont le bruit, grâce aux sots propos du monde,
s'est répandu jusqu'à Pétersbourg, et je finis
en vous embrassant.

LETTRE VII.

Souper grec. — Propos auxquels il donne lieu. — Ce qu'il m'a coûté. — Ménageot. — M. de Calonne. — Mot de mademoiselle Arnoult. — Calomnies. — Madame de S***. — Sa perfidie.

————

Voici, ma chère amie, le récit exact du souper le plus brillant que j'aie donné, à l'époque où l'on parlait sans cesse de mon luxe et de ma magnificence.

Un soir, que j'avais invité douze ou quinze personnes à venir entendre une lecture du poète Lebrun, mon frère me lut pendant mon

calme quelques pages des *Voyages d'Anacharsis*. Quand il arriva à l'endroit où en décrivant
un dîner grec, on explique la manière de faire
plusieurs sauces : — Il faudrait, me dit-il, faire
goûter cela ce soir. Je fis aussitôt monter ma
cuisinière, je la mis bien au fait; et nous convînmes qu'elle ferait une certaine sauce pour
la poularde, et une autre pour l'anguille. Comme
j'attendais de fort jolies femmes, j'imaginai de
nous costumer tous à la grecque, afin de faire
une surprise à M. de Vaudreuil et à M. Boutin,
que je savais ne devoir arriver qu'à dix heures.
Mon atelier, plein de tout ce qui me servait à
draper mes modèles, devait me fournir assez
de vêtemens, et le comte de Parois, qui logeait
dans ma maison, rue de Cléry, avait une superbe collection de vases étrusques. Il vint précisément chez moi ce jour-là, vers quatre
heures. Je lui fis part de mon projet, en sorte
qu'il m'apporta une quantité de coupes, de
vases, parmi lesquels je choisis. Je nettoyai
tous ces objets moi-même, et je les plaçai sur
une table de bois d'acajou, dressée sans nappe.

Cela fait, je plaçai derrière les chaises un immense paravent, que j'eus soin de dissimuler
en le couvrant d'une draperie, attachée de
distance à distance, comme on envoit dans les
tableaux du Poussin. Une lampe suspendue donnait une forte lumière sur la table; enfin tout
était préparé, jusqu'à mes costumes, lorsque la
fille de Joseph Vernet, la charmante madame
Chalgrin, arriva la première. Aussitôt je la coiffe,
je l'habille. Puis vint madame de Bonneuil , si
remarquable par sa beauté ; madame Vigée ,
ma belle-sœur, qui, sans être aussi jolie, avait
les plus beaux yeux du monde , et les voilà
toutes trois métamorphosées en véritables
Athéniennes. Lebrun (Pindare) entre; on lui
ôte sa poudre, on défait ses boucles de côté,
et je lui ajuste sur la tête une couronne de
laurier, avec laquelle je venais de peindre le
jeune prince Henry Lubomirski en Amour de
la Gloire. Le comte de Parois avait justement
un grand manteau pourpre, qui me servit à
draper mon poète, dont je fis en un clin d'œil
Pindare, Anacréon. Puis vint le marquis de

Cubières. Tandis que l'on va chercher chez lui une guitare qu'il avait fait monter en lyre dorée, je le costume; je costume aussi M. de Rivière (frère de ma belle-sœur), Guinguené et Chaudet, le fameux sculpteur.

L'heure avançait; j'avais peu de temps pour penser à moi; mais comme je portais toujours des robes blanches en forme de tunique (ce qu'on appelle à présent des blouses), il me suffit de mettre un voile et une couronne de fleurs sur ma tête. Je soignai principalement ma fille, charmante enfant, et mademoiselle de Bonneuil (1), qui était belle comme un ange. Toutes deux étaient ravissantes à voir, portant un vase antique très léger, et s'apprêtant à nous servir à boire.

A neuf heures et demie les préparatifs étaient terminés, et dès que nous fûmes tous placés, l'effet de cette table était si neuf, si pittoresque, que nous nous levions chacun à notre tour, pour aller regarder ceux qui restaient assis.

(1) Aujourd'hui madame Regnault d'Angély.

A dix heures nous entendîmes entrer la voiture du comte de Vaudreuil et de Boutin, et quand ces deux messieurs arrivèrent devant la porte de la salle à manger, dont j'avais fait ouvrir les deux battans, ils nous trouvèrent chantant le chœur de Gluck : *le dieu de Paphos et de Gnide*, que M. de Cubières accompagnait avec sa lyre.

De mes jours je n'ai vu deux figures aussi étonnées, aussi stupéfaites que celles de M. de Vaudreuil et de son compagnon. Ils étaient surpris et charmés, au point qu'ils restèrent un temps infini debout, avant de se décider à prendre les places que nous avions gardées pour eux.

Outre les deux plats dont je vous ai déjà parlé, nous avions pour souper un gâteau fait avec du miel et du raisin de Corinthe, et deux plats de légumes. A la vérité, nous bûmes ce soir-là une bouteille de vieux vin de Chypre dont on m'avait fait présent ; voilà tout l'excès. Nous n'en restâmes pas moins très long-temps à table, où Lebrun nous récita plusieurs odes d'Anacréon qu'il avait traduites, et je ne crois pas avoir jamais passé une soirée aussi amusante.

M. Boutin et M. de Vaudreuil en étaient tellement enthousiasmés qu'ils en parlèrent le lendemain à toutes leurs connaissances. Quelques femmes de la cour me demandaient une seconde représentation de cette plaisanterie. Je refusai pour différentes raisons, et plusieurs d'entre elles furent blessées de mon refus. Bientôt le bruit se répandit dans le monde que ce souper m'avait coûté vingt mille francs. Le roi en parla avec humeur au marquis de Cubières, qui fort heureusement avait été un de nos convives, et qui convainquit Sa Majesté de la sottise d'un pareil propos.

Néanmoins, ce que l'on tenait à Versailles au prix modeste de vingt mille francs, fut porté à Rome à quarante mille, à Vienne, la baronne de Strogonoff m'apprit que j'avais dépensé soixante mille francs pour mon souper grec. Vous savez qu'à Pétersbourg la somme est enfin restée fixée à quatre-vingt mille, et la vérité est que ce souper m'a coûté quinze francs.

Ce qu'il y a de plus triste dans tout cela, c'est que ces indignes mensonges étaient colportés dans l'Europe par mes propres compatriotes, et la ridicule calomnie dont je vous parle n'est pas la seule dont on ait cherché à tourmenter ma vie ; témoin ces vers que Lebrun-Pindare m'adressa en 1789, et que peut-être vous ne connaissez pas.

A MADAME LEBRUN.

Chère Lebrun, la gloire a ses orages ;
L'envie est là qui guette le talent ;
Tout ce qui plaît, tout mérite excellent,
Doit de ce monstre essuyer les outrages.
Qui mieux que toi les mérita jamais ?
Un pinceau mâle anime tes portraits.
Non, tu n'es plus femme que l'on renomme :
L'Envie est juste, et ses cris obstinés
Et ses serpens contre toi déchaînés
Mieux que nos voix te déclarent grand homme.

Mettant à part l'exagération avec laquelle le poète parle de mon talent, il reste malheureusement trop vrai, que dès mon début dans le

monde, je me suis vue en butte à la sottise et
à la méchanceté. D'abord mes ouvrages n'é-
taient point de moi; M. Ménageot peignait
mes tableaux et jusqu'à mes portraits, quoique
tant de personnes à qui je donnais séance pussent naturellement porter témoignage du contraire ; ce bruit absurde ne s'en propagea pas
moins jusqu'à l'époque où je fus reçue de
l'Académie royale de peinture, Comme alors
j'exposai au salon où l'auteur du *Méléagre*
exposait aussi, il fallut bien reconnaître la
vérité ; car Ménageot, dont au reste j'appréciais
infiniment le talent et même les conseils, avait
une manière de peindre entièrement opposée
à la mienne (1)

Quoique je fusse, je crois, l'être le plus

(1) Les tableaux de Ménageot sont parfaitement bien com-
posés et d'un bon style historique. Ce peintre excellait dans la
manière de draper. Son Léonard de Vinci mourant dans les
bras de François Ier est très remarquable, mais ne vaut pas
le *Méléagre* que l'on garde aux Gobelins depuis nombre d'années pour l'exécuter en tapisserie. M. Ménageot était un très
bel homme, parfaitement aimable, spirituel et très gai : aussi
le recherchait-on dans la meilleure société.

inoffensif qui ait jamais existé, j'avais des ennemis; non seulement quelques femmes m'en
voulaient de n'être pas aussi laides qu'elles,
mais plusieurs peintres ne me pardonnaient
pas d'avoir la vogue, et de faire payer mes tableaux plus cher que les leurs; il en résultait
contre moi mille propos de toute nature, dont
un surtout m'affligea profondément. Peu de
temps avant la révolution, je fis le portrait de
M. de Calonne, et je l'exposai au salon; j'avais
peint ce ministre assis, jusqu'à mi-jambe; ce
qui fit dire à mademoiselle Arnoult en le regardant : « *Madame Lebrun lui a coupé les jambes,
afin qu'il reste en place.* » Malheureusement ce
propos spirituel ne fut pas le seul auquel mon
tableau donna lieu; je me vis en butte en cette
occasion à des calomnies du genre le plus
odieux; d'abord on fit courir mille contes ab-
surdes sur le paiement du portrait; les uns
prétendaient que le contrôleur-général m'avait
donné un grand nombre de ces bonbons qu'on
appelle papillottes, enveloppés dans des billets
de caisse; d'autres, que j'avais reçus, dans un

pâté, une somme assez forte pour ruiner le
trésor; enfin, mille versions plus ridicules les
unes que les autres. Le fait est que M. de Calonne m'avait envoyé quatre mille francs en
billets, dans une boîte qui a été estimée vingt
louis. Quelques-unes des personnes qui se trouvaient chez moi quand je reçus la boîte existent encore et peuvent le certifier. On fut
même étonné de la modicité de cette somme;
car, peu de temps auparavant, M. de Beaujon,
que je venais de peindre de même grandeur,
m'avait envoyé huit mille francs, sans qu'on
s'avisât de trouver ce prix trop énorme. Toutefois, le canevas fourni, les méchans s'en
emparèrent pour le broder. J'étais harcelée de
libelles, qui tous m'accusaient de vivre en
liaison intime avec M. de Calonne. Un nommé
Gorsas, que je n'ai jamais vu ni connu, et que
l'on m'a dit être un jacobin forcené, vomissait
des horreurs contre moi.

Le malheur voulut que M. Lebrun, qui,
contre mon gré, faisait bâtir une maison rue
du Gros-Chenet, donnât par là prétexte à la

calomnie. Certainement lui et moi nous avions gagné assez d'argent pour nous permettre une pareille dépense ; cependant certaines gens soutenaient que M. de Calonne payait cette maison (1). — Vous voyez, disais-je sans cesse à M. Lebrun, quels infames propos l'on tient ! — Laissez-les dire, me répondait-il dans une sainte colère ; quand vous serez morte, je ferai élever dans mon jardin une pyramide qui ira jusqu'au ciel, et je ferai graver dessus la liste de vos portraits ; on saura bien alors à quoi s'en tenir sur votre fortune. Mais j'avoue que l'espoir d'un pareil honneur me consolait peu de mon chagrin présent ; ce chagrin était d'autant plus vif, que personne, moins que moi, n'avait craint de pouvoir devenir l'objet d'une pensée avilissante. J'avais sur l'argent une telle insouciance, que je n'en connaissais presque pas la valeur : la comtesse de la Guiche qui vit encore, peut affirmer qu'étant venue chez moi

(1) Il l'aurait payée bien tard ; car elle ne l'a été tout-à-fait qu'à mon retour de Russie en 1801. M. Lebrun m'avait laissé ce soin, à mon grand désappointement.

pour me demander de faire son portrait, et me disant qu'elle ne pouvait y mettre que mille écus, je répondis que M. Lebrun ne voulait point que j'en fisse à moins de cent louis. Ce défaut de calcul m'a été fort désavantageux pendant mon dernier voyage à Londres; j'oubliais constamment que les guinées valaient plus d'un louis, et pour mes portraits, entre autre pour celui de madame Canning (en 1803), je faisais mon compte comme si j'étais à Paris.

Tous ceux qui m'entouraient, de plus, savent que M. Lebrun s'emparait en totalité de l'argent que je gagnais, me disant qu'il le ferait valoir dans son commerce; je ne gardais souvent que six francs dans ma poche. Lorsque en 1788 je fis le portrait du beau prince Lubomirski, alors adolescent (1), sa tante, la princesse Lubomirska, m'envoya douze mille

(1) Je l'ai représenté en Amour de la Gloire, agenouillé devant un laurier et tressant une couronne. Ce tableau est toujours resté dans la famille; le roi de Pologne m'a dit à Pétersbourg que jamais on n'avait voulu consentir à le lui céder pour aucun prix.

francs, sur lesquels je priai M. Lebrun de me laisser deux louis; mais il me refusa, prétendant avoir besoin de la somme entière pour solder tout de suite un billet. Il était plus habituel au reste, que M. Lebrun touchât lui-même, et très-souvent il négligeait de me dire que l'on m'avait payée. Une seule fois dans ma vie, au mois de septembre 1789, j'ai reçu le prix d'un portrait; c'était celui du Bailly de Crussol, qui m'envoya cent louis. Heureusement mon mari était absent, en sorte que je pus garder cette somme, qui, peu de jours après (le 5 octobre), me servit pour aller à Rome.

Mon indifférence pour la fortune tenait sans doute alors au peu de besoin que j'avais d'être riche. Ce qui rendait ma maison agréable n'exigeant aucun luxe, j'ai toujours vécu fort modestement. Je dépensais extrêmement peu pour ma toilette: on me reprochait même trop de négligence, car je ne portais que des robes blanches, de mousseline ou de linon, et je n'ai jamais fait faire de robes parées que pour

mes séances à Versailles. Ma coiffure ne me
coûtait rien, j'arrangeais mes cheveux moi-
même, et le plus souvent je tortillais sur ma
tête un fichu de mousseline, ainsi qu'on peut
le voir dans mes portraits, à Florence, à Pétersbourg et à Paris, chez M. de Laborde. Dans
tous mes portraits enfin, je me suis peinte
ainsi, excepté dans celui qui est au ministère
de l'intérieur, où je suis costumée à la grecque.

Certes, ce n'était pas une telle femme que
pouvait séduire le titre de receveur-général
des finances, et, sous tout autre rapport, M. de
Calonne m'a toujours semblé peu séduisant;
car il portait une perruque fiscale. Une perruque! jugez comme, avec mon amour du
pittoresque, j'aurais pu m'accoutumer à une
perruque! je les ai toujours eues en horreur, au
point de refuser un riche mariage, parce que le
prétendant portait perruque; et je ne peignais
qu'à regret les hommes coiffés ainsi.

Ce qu'il y a d'ailleurs de surprenant dans
cette affaire, c'est que rien n'avait pu prêter
une ombre de vraisemblance à la calomnie;

je connaissais à peine M. de Calonne. Une seule fois dans ma vie j'avais été chez lui au ministère des finances; il donnait une grande soirée au prince Henri de Prusse, et ce prince venant habituellement chez moi, il avait jugé convenable de m'inviter; enfin je me souviens d'avoir hâté son portrait au point de ne pas faire les mains d'après lui, quoique j'eusse l'habitude de les faire toujours d'après mes modèles.

Je n'aurais donc jamais imaginé de quelle source pouvaient naître ces propos désolans, sans la découverte que je fis plus tard d'une perfidie digne de l'enfer.

M. de Calonne allait très souvent rue du Gros-Chenet (où je ne logeais pas encore à cette époque), chez madame de S***, femme de D***, surnommé le roué. Madame de S*** avait un charmant et doux visage, quoiqu'on pût remarquer quelque chose de faux dans son regard, et M. de Calonne en était très amoureux. Dans le temps dont je vous parle, elle m'avait priée de faire son portrait, et, comme un jour elle prenait séance, elle me demanda avec son air de douceur habituel si je voulais lui prêter ma voiture le soir, pour aller au spectacle; j'y consentis, et mon cocher alla la prendre chez elle. Le lendemain matin je demandai mes chevaux pour onze heures; mais à onze heures, cocher, voiture, rien n'était rentré. Je dépêche aussitôt quelqu'un chez madame de S***; madame de S*** n'était point de retour; elle avait passé la nuit à l'hôtel des Finances! Jugez de ma colère, quand je l'appris quelques jours après par mon cocher, auquel un bon pour-boire ne ferma pas la bouche, et qui conta le fait à plusieurs personnes de la maison. En pensant que si les gens de l'hôtel des finances, ou d'autres, avaient demandé à cet homme le nom de ses maîtres, cet homme avait dû répondre naturellement qu'il appartenait à madame Lebrun, j'étais tout-à-fait hors de moi. Il est inutile d'ajouter que je n'ai jamais revu madame de S***, qui, m'a-t-on dit, vit à

Toulouse, et s'est jetée dans la plus austère dévotion. Que Dieu lui pardonne! A-t-elle voulu sauver sa réputation aux dépens de la mienne? Me haïssait-elle? Je ne sais; mais elle m'a fait bien du mal; car les longs détails dans lesquels je viens d'entrer, chère amie, vous prouvent assez combien j'ai souffert d'une calomnie qui s'appliquait si mal et à mon caractère et à la conduite de toute une vie, que j'ose dire avoir été honorable.

Voilà vraiment une triste lettre, faite pour dégoûter de la célébrité, surtout lorsqu'on a le malheur d'être femme. Quelqu'un me disait un jour : « Quand je vous regarde et que je songe à votre renommée, il me semble voir des rayons autour de votre tête. » — Ah! répondis-je, en soupirant, il y a bien quelques petits serpens dans ces rayons-là. « En effet, a-t-on jamais vu une grande réputation, dans quelque genre que ce soit, ne pas attirer l'envie? Il est vrai qu'elle attire aussi près de vous vos contemporains les plus distingués, et cet entourage console de beaucoup de choses. Quand je songe à tant de gens aimables et bons, dont j'ai dû l'amitié à mon talent, je me félicite d'avoir fait connaître mon nom; et pour tout dire en un mot, chère amie, quand je pense à vous, j'oublie les méchans. Adieu.

LETTRE VIII.

Le Kain. — Brizard. — Mademoiselle Dumesnil. — Monvel. — Mademoiselle Raucour. — Mademoiselle Sainval. — Madame Vestris. — Larive. — Mademoiselle Clairon. — Talma. Préville. — Dugazon. — Mademoiselle Doligny. — Mademoiselle Contat. — Molé. — Fleury. — Mademoiselle Mars. — Mademoiselle Arnoult. — Madame Saint-Huberti. — Les deux Vestris. — Mademoiselle Pélin. — Mademoiselle Allard. — Mademoiselle Guimard. — Carlin. — Cailleau. — Laruette. — Madame Dugazon.

———

Un de mes plus doux délassemens était d'aller au spectacle, et je puis vous dire qu'il brillait sur la scène des acteurs si admirables, que beaucoup d'entre eux n'ont jamais été remplacés.

Je me souviens parfaitement d'avoir vu jouer le célèbre Le Kain : quoique je fusse trop jeune alors pour apprécier son grand talent, les applaudissemens, les transports unanimes qu'il excitait me prouvaient assez combien ce tragédien était supérieur. La laideur de Le Kain, toute prodigieuse qu'elle fût, disparaissait dans certains rôles. Le costume de chevalier, par exemple, adoucissait l'expression sévère et repoussante d'une figure dont tous les traits étaient irréguliers, en sorte qu'on pouvait le regarder quand il jouait Tancrède ; mais dans le rôle d'Orosmane où je l'ai vu une fois, j'étais placée fort près de la scène, et le turban le rendait si hideux, bien que j'admirasse sa noble et belle manière, qu'il me faisait peur.

A l'époque où Le Kain jouait les premiers rôles, et même assez long-temps après, j'ai vu Brizard ainsi que mademoiselle Dumesnil. Brizard remplissait les rôles de pères ; la nature semblait l'avoir créé pour cet emploi : ses cheveux blancs, sa taille imposante, son superbe organe lui donnait le caractère le plus noble, le plus respectable qu'on puisse imaginer. Il excellait surtout dans *le Roi Lear* et dans l'*OEdipe* de Ducis. Vous auriez réellement cru voir ces deux vieux princes si malheureux et si touchans, tant il y avait de grandiose dans l'aspect de celui qui les représentait.

Mademoiselle Dumesnil, quoique petite et fort laide, excitait des transports dans les grands rôles tragiques. Son talent était fort inégal : elle tombait parfois dans la trivialité, mais elle avait des momens sublimes. En général, elle exprimait mieux la fureur que la tendresse, si ce n'est la tendresse maternelle, car un de ses plus beaux rôles était Mérope. Il arrivait quelquefois à mademoiselle Dumesnil de jouer une partie de la pièce sans produire aucun effet; puis, tout à coup, elle s'animait ; son geste, son organe, son regard, tout devenait si éminemment tragique qu'elle enlevait les suffrages de toute la salle. On m'a assuré qu'avant de paraître en scène elle buvait une bouteille de vin et qu'elle s'en faisait tenir une autre en réserve dans la coulisse.

Un des acteurs les plus remarquables du Théâtre Français dans la tragédie et la haute comédie, était Monvel. Quelques désavantages physiques et la faiblesse de son organe l'ont empêché de se placer au premier rang, mais son ame, sa chaleur, et surtout l'extrême justesse de sa diction, ne laissaient rien à désirer. A mon retour en France il avait quitté les rôles de jeunes premiers pour ceux des pères nobles. Je lui ai vu jouer alors Auguste de *Cinna* et l'Abbé de l'Épée d'une manière admirable; dans ce dernier rôle il était si parfait de naturel, qu'un jour, au moment où en quittant la scène il saluait les personnages de la pièce, je me levai et je lui rendis son salut. Les personnes qui étaient avec moi dans la loge s'en amusèrent beaucoup.

Le début le plus brillant que je me rappelle avoir vu est celui de mademoiselle Raucour dans le rôle de Didon. Elle avait tout au plus dix-huit ou vingt ans. La beauté de son visage, sa taille, son organe, sa diction. tout en elle promettait une actrice parfaite; elle joignait

à tant d'avantages un air de décence remarquable, et une réputation de sagesse austère,
qui la firent rechercher alors par nos plus
grandes dames; on lui donnait des bijoux, ses
habits de théâtre, et de l'argent pour elle et
pour son père qui ne la quittait jamais. Plus
tard, elle a bien changé de manière d'être: on
prétend que l'heureux mortel, qui le premier
triompha de tant de vertus, fut le marquis de
Bièvres, et que lorsqu'elle le quitta pour un
autre amant, il s'écria : *Ah! l'ingrate à ma
rente!* Si mademoiselle Raucour n'est point
restée sage, elle est restée grande tragédienne;
mais sa voix est devenue tellement rauque et
dure, que si l'on fermait les yeux on croyait entendre un homme. Elle n'a quitté qu'à sa mort
le théâtre, où elle a fini par jouer les rôles de
mères et de reines avec infiniment de succès.

J'ai vu jouer aussi mesdemoiselles Sainval et
madame Vestris, sœur de Dugazon. Les deux
premières pleuraient un peu trop constamment; mais elles me semblaient, surtout la ca-
dette, plus tragédienne que madame Vestris,

qui, toute belle qu'elle était, n'a jamais obtenu de grands succès, si ce n'est dans le rôle de Gabrielle de Vergy où l'effet qu'elle produisait au dernier acte, était déchirant; il faut dire aussi que cette scène est horrible.

Larive, qui pour son malheur succédait à Le Kain, dont on n'avait point encore perdu le souvenir, avait plus de talent que les vieux amateurs ne voulaient lui en reconnaître; la comparaison seule lui faisait tort, car il ne manquait ni de noblesse ni d'énergie. Son visage était beau; il était grand, bien fait, mais jamais d'aplomb sur ses jambes, ce qui faisait dire qu'il marchait à côté de lui.

Larive avait très bon ton et causait avec esprit, même de choses qui n'avaient point rapport à son art, en sorte qu'il voyait la bonne compagnie. Mon frère me le présenta, et comme je le savais lié intimement avec mademoiselle Clairon, je lui témoignai une fois le désir de rencontrer cette grande tragédienne que je n'avais jamais vue jouer. Il m'engagea aussitôt à dîner chez lui pour me faire trouver

avec elle , ce que j'acceptai. Deux jours après ,
je me rendis à la maison qu'il avait fait construire et qu'il habitait dans le Gros-Caillou.
Cette maison était charmante, arrangée avec
un goût parfait, outre qu'un fort beau jardin
y faisait jouir dans Paris du charme de la campagne. Larive me promena dans ses berceaux,
sous ses vignes grimpantes à la manière antique, comme on en voit encore aux environs
de Naples ; et comme nous venions de rentrer
dans le salon pour dîner, on annonça mademoiselle Clairon. Je me l'étais figurée très
grande ; elle était au contraire fort petite et fort
maigre. Elle tenait sa tête extrêmement élevée,
ce qui lui donnait de la dignité. Du reste, je
n'ai jamais entendu parler avec autant d'em-
phase ; car elle conservait toujours le ton tragique et les airs d'une princesse ; mais elle me
parut instruite et spirituelle. J'étais à table à
côté d'elle, et je jouis beaucoup de sa conversation. Larive lui témoignait un respect profond ; les égards qu'il avait pour elle annonçaient à la fois de l'admiration et de la

reconnaissance; c'était sous ces deux rapports en effet que sans cesse il parlait d'elle.

Lorsque je suis rentrée en France, j'ai été charmée de revoir Larive que j'ai rencontré souvent à Épinay chez la marquise de Groslier. N'étant plus au théâtre alors, il habitait une charmante campagne, située près de là, et madame de Groslier était enchantée de ce voisinage. Il nous faisait des lectures ravissantes; la manière dont il disait les vers acquérait un nouveau prix de la beauté de son organe.

Talma, notre dernier grand acteur tragique, a, selon moi, surpassé tous les autres. Il y avait du génie dans son jeu. On peut dire de plus qu'il a révolutionné l'art : d'abord en faisant disparaître la déclamation ampoulée et maniérée, par sa diction naturelle et vraie, ensuite, en forçant à l'innovation dans les costumes, attendu qu'il s'habillait en grec et en romain pour jouer Achille et Brutus, ce dont je lui sus un gré infini. Talma avait une des plus belles têtes, un des visages les plus mobiles qu'on pût voir; et, si loin qu'allât la chaleur de son jeu, il restait toujours noble, ce qui me semble une première qualité dans l'acteur tragique. Son organe était quelquefois un peu sourd; il convenait mieux aux rôles furieux ou profonds qu'il ne convenait aux rôles brillans: aussi était-il principalement admirable dans ceux d'Oreste et de Manlius; mais dans tous, il avait plusieurs momens sublimes. Le dernier qu'il ait composé n'a point été joué depuis lui. Personne n'oserait, je crois; car Talma s'y était montré supérieur à lui-même: ce n'était plus un acteur, c'était bien Charles VI, un malheureux roi, un malheureux fou, dans toute son effrayante vérité. Hélas! la mort a suivi de près le triomphe; et ce que tout Paris applaudissait avec de si grands transports, c'était le chant du cygne.

Talma était un homme excellent, et le plus facile à vivre qu'on puisse rencontrer. Il faisait habituellement peu de frais dans la société; il fallait, pour l'animer, qu'un mot de la conversation remuât un intérêt de son cœur ou de son esprit; alors il était fort intéressant à entendre, principalement quand il parlait de son art.

La comédie a peut-être encore été plus riche en talens que la tragédie. J'ai eu souvent le bonheur de voir jouer Préville. Voilà l'acteur parfait, inimitable! Son jeu, plein d'esprit, de naturel, de gaieté, était aussi le plus varié. Jouait-il tour à tour Crispin, Sosie, Figaro, vous ne reconnaissiez pas le même homme, tant les nuances de son comique étaient inépuisables : aussi n'a-t-on point remplacé Préville. Il était si parfaitement *vrai* par nature, que tous ceux qui depuis ont voulu l'imiter ne sont parvenus qu'à nous montrer sa charge. Je n'en excepte point Dugazon, qui certes avait un grand talent; mais qui, dans le rôle de Figaro du *Barbier de Séville*, par exemple, n'a jamais approché de son modèle.

J'ai plusieurs fois dîné avec Préville; il était rare de rencontrer un aussi aimable convive; sa gaieté si spirituelle nous charmait tous. Il racontait à merveille une foule d'anecdotes extrêmement piquantes, et l'on recherchait avec empressement les occasions de se trouver avec lui.

Dugazon, son successeur dans les rôles comiques, eût été un excellent comédien, si l'envie de faire rire le public ne l'eût pas entraîné souvent jusqu'à la farce. Il jouait admirablement bien certains rôles de valet; il avait du mordant, un masque parfait, et peut-être aurait-il égalé Préville s'il avait dédaigné la charge. Mais ce qui peut faire croire que sa nature le portait à ce misérable genre, c'est que la nuance qui existait à la scène entre lui et son devancier se montrait aussi dans les salons où Préville était un homme aimable, et Dugazon un farceur de beaucoup d'esprit. On ne le recevait donc quelquefois que pour amuser les convives; car il était fort amusant, surtout après dîner. Dugazon a été atroce pendant la révolution; il fut un de ceux qui allèrent chercher le roi à Varennes, et un témoin oculaire m'a dit l'avoir vu à la portière de la voiture, le fusil sur l'épaule. Notez que cet homme avait été comblé des bienfaits de la cour, principalement par M. le comte d'Artois.

Je me souviens d'avoir vu mademoiselle Doligny dans les rôles de jeunes premières, qu'elle jouait avec une rare perfection. Elle avait à la fois tant de vérité, d'esprit et de décence, que son grand talent faisait tout-à-fait oublier sa laideur. J'ai vu aussi débuter mademoiselle Contat. Elle était extrêmement jolie et bien faite, mais si mauvaise dans les premiers temps, que personne ne pouvait prévoir qu'elle deviendrait une aussi excellente actrice. Sa charmante figure ne suffisait pas toujours pour la mettre à l'abri des sifflets, lorsque Beaumarchais lui confia le rôle de Suzanne dans *le Mariage de Figaro*. A partir de ce moment, elle marcha de succès en succès: d'abord dans l'emploi des grandes coquettes, puis enfin dans des rôles plus convenables à son âge, et surtout à sa taille qui, par malheur, avait pris trop d'embonpoint.

Mademoiselle Contat avait épousé M. de

Parny, neveu du célèbre poète de ce nom ;
mais son mariage ne fut déclaré qu'à l'époque
où elle quitta le théâtre ; elle a conservé jusqu'à sa mort un visage charmant ; je n'ai jamais
vu de sourire plus enchanteur ; comme elle
avait infiniment d'esprit, sa conversation était
tout-à-fait piquante, et je la trouvais si aimable
que je l'invitais souvent à venir chez moi.

Mademoiselle Contat était admirablement
bien secondée dans tous ses rôles par Molé, qui
jouait presque toujours avec elle. Molé, sans
avoir jamais égalé Préville, était pourtant un
grand acteur ; il avait de la grace et de la dignité ; il tenait la scène comme on dit, outre
que j'ai peu vu de talent aussi varié, et surtout
aussi brillant qu'était le sien. Je l'ai reçu chez
moi plusieurs fois ; quoique son jeu fût très-spi-
rituel, Molé n'avait rien de remarquable dans
un salon sous le rapport de l'amabilité, si ce
n'est un excellent ton.

Fleury, qui après l'avoir doublé lui a succédé dans les grands rôles, est le dernier qui
nous ait conservé les traditions de la haute

comédie. Il avait moins de verve et moins d'é-
lévation que Molé; mais personne n'a joué
comme lui les jeunes grands seigneurs. Comme
il avait beaucoup d'esprit et de fort bonnes
manières, il voyait souvent de près la haute
société, et il en avait si bien saisi les usages,
les agrémens et les travers, qu'il nous offrait
encore, il y a peu d'années, une copie parfaite
de modèles qui avaient disparu.

A l'époque où tous les grands acteurs dont
je vous parle commençaient à vieillir, il s'élevait près d'eux un jeune talent, qui fait aujour-
d'hui l'ornement de la scène française : mademoiselle Mars jouait alors avec une perfection
inimitable les rôles d'ingénues ; elle excellait
dans celui de Victorine du *Philosophe sans le
savoir*, et dans vingt autres pour lesquels on
ne l'a jamais remplacée; car il est impossible
d'être aussi vraie, aussi touchante : c'était la
nature dans tout son charme. Quand vous avez
vu mademoiselle Mars, ma chère amie, elle avait
déjà pris l'emploi de mademoiselle Contat,
qu'elle seule pouvait faire oublier. Vous vous

souvenez bien certainement de sa jolie figure, de sa charmante taille, et de sa voix, la voix des anges? heureusement ce visage, cette taille, cet organe enchanteur, se conservent si parfaitement, que mademoiselle Mars n'a point d'âge, n'en aura je crois jamais ; et chaque soir le public par ses transports lui prouve qu'il est de mon avis.

Je me rappelle avoir vu jouer deux fois mademoiselle Arnoult au grand Opéra, dans *Castor et Pollux*. J'étais peu capable alors de juger son talent d'actrice ; je me souviens cependant qu'elle me parut avoir de la grâce et de l'expression. Quant à son talent comme cantatrice, la musique de ce temps-là m'ennuyait si horriblement que j'écoutais trop mal pour en pouvoir parler. Mademoiselle Arnoult n'était point jolie ; sa bouche déparait son visage, ses yeux seulement lui donnaient une physionomie où se peignait l'esprit remarquable qui l'a rendue célèbre. On a répété et imprimé un nombre infini de ses bons mots, en voici un

que je ne crois pas connu, et que je trouve fort
comique : elle assistait au mariage de sa fille,
avec la mère, la tante, et plusieurs autres
honnêtes femmes parentes de son gendre; pendant la cérémonie nuptiale, mademoiselle
Arnoult se retourne et leur dit : «C'est plaisant!
je suis la seule demoiselle qui se trouve ici. »

Une femme dont le talent supérieur nous a
ravis long-temps a succédé à mademoiselle
Arnoult. C'était madame Saint-Huberti, qu'il
faut avoir entendue pour savoir jusqu'où peut
peut aller l'effet de la tragédie lyrique. Madame Saint-Huberti non-seulement avait une
voix superbe; mais elle était encore grande
actrice, le bonheur a voulu qu'elle eût à chanter les opéras de Piccini, de Sacchini, de
Gluck, et cette musique si belle, si expressive,
convenait parfaitement à son talent plein d'expression, de vérité et de grandiose. Il est impossible d'être plus touchante qu'elle ne l'était
dans les rôles d'Alceste, de Didon, etc.; toujours
vraie, toujours noble, ses accens arrachaient les

larmes de toute la salle, et je me souviens encore de certains mots, de certaines notes auxquelles il était impossible de résister.

Madame Saint-Huberti n'était point jolie,
mais son visage était ravissant de physionomie
et d'expression. Le comte d'Entragues, très bel
homme, et très distingué par son esprit, en
devint tellement amoureux qu'il l'épousa. La
révolution ayant éclaté, il se réfugia à Londres
avec elle. C'est là, qu'un soir, comme ils montaient ensemble en voiture, ils furent assassi-
nés tous les deux, sans qu'on ait jamais pu
découvrir, ni les assassins, ni les motifs d'une
pareille horreur.

Sous le rapport du chant, tout l'Opéra se
composait pour moi de madame Saint-Huberti ;
je ne vous dirai donc rien de ceux qui chantaient avec elle, car je les écoutais à peine ;
j'aimais mieux réserver une partie de mon
attention pour les ballets, où se montraient
alors plusieurs talens remarquables. Gardel et
Vestris père tenaient le premier rang. Je les ai
vus souvent danser ensemble, notamment dans

une chaconne de je ne sais quel opéra de Grétry, chaconne qui je crois a fait courir tout Paris : c'était un pas de deux dans lequel les deux coryphés poursuivaient mademoiselle Guimard, fort petite et fort maigre ; ce qui fit dire qu'ils avaient l'air de deux grands chiens qui se disputaient un os. Gardel m'a toujours semblé fort inférieur à Vestris père, qui était grand, très bel homme, et parfait dans la danse noble et grave. Je ne saurais vous dire avec quelle grâce il ôtait et remettait son chapeau, au salut qui précédait le menuet ; aussi toutes les jeunes femmes de la cour, avant leur présentation, prenaient-elles quelques leçons de lui pour faire les trois révérences.

A Vestris père a succédé Vestris fils, le danseur le plus surprenant qu'on puisse voir, tant il avait à la fois de grâce et de légèreté. Quoique nos danseurs actuels n'épargnent point les pirouettes, personne bien certainement n'en fera jamais autant qu'il en a fait, puis tout à coup, il s'élevait au ciel d'une manière si prodigieuse, qu'on lui croyait des ailes ; ce qui faisait dire au père Vestris : « Si mon fils touche la terre, c'est par procédé pour ses camarades. »

Mademoiselle Pélin et mademoiselle Allard étaient deux danseuses du genre qu'on appelle *grotesque* en Italie. Elles faisaient des tours de force, des pirouettes sans fin et sans charme ; mais toutes deux, bien qu'elles fussent très grasses, étaient vraiment surprenantes par leur agilité ; mademoiselle Allard surtout.

Mademoiselle Guimard avait tout un autre genre de talent ; sa danse n'était qu'une esquisse ; elle ne faisait que de petits pas, mais avec des mouvemens si gracieux, que le public la préférait à toute autre danseuse ; elle était petite, mince, très bien faite ; et quoique laide, elle avait des traits si fins, qu'à l'âge de quarante-cinq ans elle semblait, sur la scène, n'en avoir pas plus de quinze.

A l'instar, et même en rival heureux du grand Opéra, j'ai vu s'élever l'Opéra Comique, qui prenait la place de ce qu'on nommait la *Comédie Italienne*. J'aurais peine à vous dire

quelque chose de cette Comédie Italienne, si je
ne me rappelais que j'y suis allée voir jouer
Carlin, dont toute jeune que j'étais, le souvenir m'est resté. Carlin jouait l'arlequin dans
des pièces à canevas, espèces de proverbes,
qui nécessitent des acteurs spirituels. Ses saillies inépuisables, le naturel et la gaîté de son
jeu, faisaient de lui un acteur tout-à-fait à part.
Quoique fort gros, il avait dans les mouvemens
une lestesse surprenante; on m'a dit qu'il étu-
diait ses gestes si moelleux et si gracieux, en
regardant jouer de jeunes chats, dont il est
très vrai qu'il avait la souplesse. Lui seul suffisait pour attirer le public, pour remplir la
salle et charmer les spectateurs; quand il a
disparu la Comédie Italienne a fini.

La troupe lyrique qui l'a remplacée, possédait plus d'un talent remarquable et chantait
les opéras de Duni, de Philidor, de Grétry, etc.
Un des acteurs les plus aimés du public était
Cailleau; il a quitté le théâtre lorsque j'étais
encore fort jeune; je l'ai pourtant vu jouer
deux fois dans *Annette et Lubin*. Sa belle

physionomie, si gaie, si animée, et sa superbe
voix, seraient restées dans ma mémoire, lors
même que je n'aurais pas eu plus tard le plaisir
de jouer la comédie avec lui en société. Au
moment de ses plus grands succès, il lui arriva
sur la scène un léger accident du gosier, auquel sont exposés tous les chanteurs; une
huée étant alors partie de la salle, Cailleau s'en
trouva tellement offensé, qu'il quitta le théâtre
le soir même, et depuis, les plus vives instances ne purent le faire consentir à reparaître devant le public.

Outre son grand talent, Cailleau avait beaucoup d'esprit ; il était charmant en société où
sa gaieté si franche amenait la joie; il racontait
à merveille, et chez le comte de Vaudreuil, à
Gennevilliers, il rendait les cercles et les repas
tout-à-fait amusans, tantôt par une anecdote
piquante, tantôt en nous chantant, avec sa
belle voix, les romances et les chansons qui se
faisaient alors. Comme il était grand chasseur, on
le mettait de toutes les parties de chasse. Le
comte de Vaudreuil, pour lequel il avait été si

aimable, lui fit donner par monseigneur le comte d'Artois un petit castel, nommé le Belloi, qui se trouve au bout de la terrasse de Saint-Germain, et qui avait un fort joli jardin.

Cailleau vivait là le plus heureux des hommes avec sa femme et son enfant. J'ai été passer quelques jours chez lui, et, dans son bonheur, il me rappelait exactement ce Lubin, dont je lui avais vu si bien jouer le rôle. M. le comte d'Artois, en lui faisant don du petit castel, l'avait nommé capitaine des chasses de tout l'arrondissement. Il en portait l'uniforme, et c'est avec cet habit que je l'ai peint, tenant son fusil sur l'épaule. Sa belle et riante physionomie m'inspirait au point que j'ai fait ce portrait en une séance (1).

Lorsque la révolution arriva, Cailleau fut très suspecté, comme ayant reçu des bienfaits d'un prince. On m'a dit, mais je ne veux pas le croire, qu'il s'était montré ingrat, et qu'il avait joué le rôle de jacobin. Si la chose est vraie, je

---

(1) Ce portrait a été acheté à la vente de M. Lebrun par M. le comte d'Harcour.   (*Note de l'Auteur.*)

suis persuadée que la peur et sa femme lui avaient tourné la tête. J'ai des raisons pour croire que sa femme était fort révolutionnaire : en 1791, je reçus à Rome où j'étais alors, une lettre dans laquelle elle m'engageait à rentrer en France, me disant que nous serions tous égaux, et qu'enfin ce serait *l'âge d'or*. Heureusement je ne la crus pas ; car on sait quel âge d'or a suivi ! Peu de temps après avoir reçu cette lettre, j'appris que madame Cailleau s'était jetée par la fenêtre de désespoir.

Laruette et sa femme sont restés au théâtre plus tard que Cailleau (1). Tous deux étaient excellens dans leur genre. Mais madame Laruette surtout jouait avec un charme, une finesse, chantait avec un goût et une expression indicible. Elle avait plus de cinquante ans qu'elle n'en paraissait pas avoir seize, tant sa taille était jeune et ses traits délicats. Non-seulement elle n'était pas ridicule dans les rôles

(1) Laruette n'a quitté qu'en 1799.

(*Note de l'Éditeur.*)

naïfs, mais elle était charmante ; et jamais peut-
être les transports et les regrets du public n'ont
été aussi loin que le jour où quittant enfin le
théâtre, elle joua pour la dernière fois dans
Isabelle et Gertrude, et dans je ne sais quel
autre opéra, les deux plus jeunes rôles du répertoire. Quoique je l'aie très peu vue jouer,
je me la rappelle parfaitement.

J'arrive enfin à celle dont j'ai pu suivre
toute la carrière dramatique, au talent le plus
parfait que l'Opéra Comique ait possédé, à madame Dugazon. Jamais on n'aporté sur la scène
autant de vérité. Madame Dugazon avait un de
ces talens de nature qui semblent ne rien devoir à l'étude. On n'apercevait plus l'actrice ;
c'était *Babet*, c'était *la comtesse d'Albert* ou
Nicolette. Noble, naïve, gracieuse, piquante,
elle avait vingt physionomies, de même qu'elle
faisait toujours entendre l'accent propre au
personnage, et son chant n'annonçait aucune
autre prétention. Elle avait même la voix assez
faible, mais cette voix suffisait au rire, aux
larmes, à toutes les situations, à tous les rôles.

Grétry et Daleyrac, qui ont travaillé pour elle, en étaient fous, et j'en étais folle.

Ce dernier mot me rappelle un rôle, dans lequel on a toujours vainement essayé de la copier. Jamais on n'a pu nous rendre Nina. Nina tout à la fois si décente et si passionnée! et si malheureuse, si touchante, que son aspect seul faisait fondre en larmes les spectateurs. Je crois avoir vu *Nina* vingt fois au moins, et chaque fois mon attendrissement a été le même. J'étais trop enthousiaste de madame Dugazon pour ne pas l'engager souvent à venir souper chez moi. Nous remarquions que si elle venait de jouer *Nina*, elle conservait encore les yeux un peu hagards, en un mot qu'elle restait Nina toute la soirée. C'était bien certainement à cette faculté de se pénétrer aussi profondément de son rôle qu'elle devait l'étonnante perfection de son talent.

Madame Dugazon était royaliste de cœur et d'ame. Elle en donna la preuve au public à une époque fort avancée de la révolution, un soir, qu'elle jouait la soubrette des *Évènemens im-*

prévus. La reine assistait à ce spectacle, et dans un duo que le valet commence en disant : *j'aime mon maître tendrement,* madame Dugazon, qui devait répondre : *Ah ! comme j'aime ma maîtresse*, se tourna vers la loge de Sa Majesté, la main sur son cœur, et chanta sa réplique d'une voix émue, en s'inclinant devant la reine. On m'a dit qu'un peu plus tard, le public, et quel public ! voulut tirer vengeance de ce noble mouvement en s'obstinant à lui faire chanter je ne sais quelle horreur, qu'on chantait alors tous les soirs sur la scène. Madame Dugazon ne céda point : elle quitta le théâtre.

La longueur démesurée de cette lettre vous prouve, chère amie, que j'ai beaucoup aimé moi-même à jouer la comédie; car je ne vous ai point épargné les détails. Adieu.

LETTRE IX.

Il m'était impossible, à mon grand regret, de
rester long-temps à la campagne; mais je ne
me refusais pas le plaisir d'y passer souvent
plusieurs jours de suite, et j'étais invitée dans
les plus beaux lieux voisins de Paris. J'ai pu
voir, par exemple, les fêtes magnifiques de

Chantilly, que le prince de Condé (celui que vous avez vu revenir en France avec Louis XVIII) savait si bien ordonner, et dont il faisait si bien les honneurs. Vous connaissez le superbe château de Chantilly. Son immense galerie était garnie alors d'armures françaises de différens siècles, dont quelques-unes par leur lourdeur et leur dimension semblaient avoir été faites pour des géants; ce qui, je trouve, ornait à merveille l'habitation d'un descendant du grand Condé. On voyait au bout de cette galerie le masque de Henri IV, moulé sur lui, sitôt après sa mort, et auquel étaient encore attachés quelques poils des sourcils du bon roi. Je ne sais ce qu'est devenu ce masque, que l'on a beaucoup reproduit en plâtre ; quant aux armures, elles ont été pillées pendant la révolution, et plusieurs sont maintenant rassemblées dans un musée.

Ce château avait je ne sais quoi de grandiose, qui le rendait digne de ses maîtres. La salle à manger était d'une beauté remarquable : entre des colonnes de marbre se trouvaient placées de larges coupes, en marbre aussi, qui recevaient des cascades d'eau limpide et sans cesse renouvelée. Cette salle semblait être en plein air, son effet était magique. Le parc dans son immense étendue donnait l'idée d'une féerie avec ses lacs, ses rivières bordées de mille fleurs. Ce hameau charmant, dont les chaumières à l'intérieur brillaient de la plus grande magnificence, tout enfin faisait de Chantilly un séjour admirable; aussi les étrangers s'y rendaient-ils en foule, à l'époque dont je vous parle, à cette heureuse époque où le maître de ce beau lieu y vivait, adoré de tous les habitans, qu'il comblait de ses bienfaits et qui l'ont si vivement regretté.

En 1782 j'ai séjourné quelque temps au Raincy. Le duc d'Orléans, père de Philippe-Égalité, qui l'habitait alors, m'y fit venir pour y faire son portrait et celui de madame de Montesson. A l'exception du plaisir que je pris à voir de grandes parties de chasse, je m'ennuyai passablement au Raincy; mes séances finies, je n'avais de société qui me fût agréable que celle de madame Bertholet, fort aimable femme, qui jouait fort bien de la harpe. Saint-Georges, le mulâtre, si fort et si adroit, était du nombre des chasseurs. J'ai compris là comment il est des hommes, et surtout des princes, qui deviennent passionnés de la chasse; cet exercice, quand beaucoup de monde s'y trouve réuni, donne vraiment un grand spectacle. Ce mouvement général, joint aux sons des cors, a bien quelque chose de belliqueux.

A propos de ce voyage, je ne puis me rappeler aujourd'hui sans rire une particularité, qui dans le temps me scandalisa beaucoup. Pendant que madame de Montesson me donnait séance, la vieille princesse de Conti vint un jour lui faire une visite, et cette princesse en me parlant m'appela toujours mademoiselle. Il est vrai que jadis toutes les grandes dames en agissaient ainsi avec leurs inférieures. Mais cette morgue de la cour avait fini, avec Louis XV. J'étais alors sur le point d'accoucher de mon premier enfant, ce qui rendait la chose tout-à-fait étrange.

Si mon voyage au Raincy me parut peu réjouis-
sant, il n'en était pas de même de ceux que
je faisais à Gennevilliers, qui appartenait alors
à M. le comte de Vaudreuil, un des hommes
les plus aimables que l'on pût voir. Gennevilliers n'était nullement pittoresque; le comte
de Vaudreuil avait acheté cette propriété en
grande partie pour monseigneur le comte d'Artois, parce qu'elle renfermait de beaux cantons
de chasse, et l'avait embellie autant qu'il était
possible. La maison était meublée dans le
meilleur goût, quoique sans magnificence; il
s'y trouvait une salle de comédie, petite, mais
charmante, dans laquelle ma belle-sœur,
mon frère, M. de Rivière, et moi nous avons
joué plusieurs opéras-comiques, avec madame
Dugazon, Garat, Cailleau et Laruette. Ces
deux derniers, qui étaient alors retirés du
théâtre, jouaient admirablement, et avec un tel
naturel, qu'un jour, comme ils répétaient ensemble la scène des deux pères dans *Rose
et Colas*, je crus qu'ils causaient entre eux, et
je leur dis : « Allons, il faut commencer la ré-

pétition. » On m'avait donné le rôle de Rose;
Garat jouait assez gauchement celui de Colas;
mais il chantait si bien! il était surtout délicieux de l'entendre dans la *Colonie*, dont la
musique est ravissante à mon goût. Il avait
pris le rôle de Saint-Albe; moi celui de Marine;
et ma belle-sœur celui de la comtesse, qu'elle
jouait comme un ange. Elle et M. de Rivière
étaient vraiment des acteurs. Ils auraient pu
briller même au théâtre.

M. le comte d'Artois et sa société venaient à
nos spectacles. J'avoue que tout ce beau monde
me donnait la peur au point que la première
fois qu'ils y vinrent, sans que j'en fusse préve-
nue, je ne voulais plus jouer; la crainte de dés-
obliger les amis qui jouaient avec moi me dé-
cida seule à entrer en scène: aussi M. le comte
d'Artois, avec sa grâce ordinaire, vint-il entre
les deux pièces nous encourager par tous les
complimens imaginables.

Le dernier spectacle qui fut donné dans la
salle de Gennevilliers fut une représentation du
Mariage de Figaro par les acteurs de la Comé-

die Française. Je me rappelle que mademoiselle
Sainval jouait la comtesse, mademoiselle Oli-
vier le page; et que mademoiselle Contat était
charmante dans le rôle de Suzanne. Il fallait
néanmoins que Beaumarchais eût cruellement
harcelé M. de Vaudreuil pour parvenir à faire
jouer sur ce théâtre une pièce aussi inconve-
nante sous tous les rapports. Dialogue, couplets, tout était dirigé contre la cour, dont
une grande partie se trouvait là, sans parler
de la présence de notre excellent prince. Chacun souffrait de ce manque de mesure; mais
Beaumarchais n'en était pas moins ivre de bonheur : il courait de tous côtés, comme un
homme hors de lui-même; et comme on se
plaignait de la chaleur, il ne donna pas le
temps d'ouvrir les fenêtres, et cassa tous les
carreaux avec sa canne, ce qui fit dire après
la pièce, qu'il avait doublement cassé les vitres.

Le comte de Vaudreuil dut se repentir doublement aussi d'avoir accordé sa protection à
l'auteur du *Mariage de Figaro*. Peu de temps

après cette représentation, Beaumarchais lui fait demander un rendez-vous qu'il obtient aussitôt, et il arrive à Versailles de si bonne heure, que le comte venait à peine de se lever. Il parle alors d'un projet de finance qu'il vient d'imaginer et qui devait lui rapporter des trésors: puis il finit par proposer à M. de Vaudreuil une somme considérable s'il veut se charger de faire réussir l'affaire. Le comte l'écoute avec le plus grand calme, et quand Beaumarchais a tout dit : — Monsieur de Beaumarchais, lui répondit-il, vous ne pouviez venir dans un moment plus favorable ; car j'ai passé une bonne nuit, j'ai bien digéré, jamais je ne me suis mieux porté qu'aujourd'hui ; si vous m'aviez fait hier une pareille proposition, je vous aurais fait jeter par la fenêtre.

Une des belles campagnes que j'aie vues était Villette. La marquise de Villette (Belle et Bonne), m'ayant engagée à venir l'y voir, j'y suis allée passer quelques jours, et je retrouve dans mes papiers de fort jolis vers que M. de

Villette fit pour mon arrivée. Je les copie ici,
en vous priant toutefois de ne pas oublier
que c'est un poète qui parle :

J'avais lu dans les vieux auteurs
Que les dieux autrefois visitaient les pasteurs,
Et qu'ils venaient charmer leur belle solitude :
J'aimais à me bercer de ces douces erreurs.
Embellir ces forêts devint ma seule étude,
J'y créeai des jardins, je les semai de fleurs;
Mais des dieux vainement j'attendais la présence.
O sublime Lebrun! Vous, l'orgueil de la France,
Dont l'esprit créateur, dont l'immortel crayon
De plaire et d'étonner a la double puissance,
Et fait naître l'amour par l'admiration,
La Gloire qui vous accompagne
Agrandit ce petit château;
Elle ranime la campagne;
Vous nous rendez le jour plus beau,
Et vous réalisez mes châteaux en Espagne.

Nous trouvâmes une fois dans ce beau parc
un homme qui peignait des barrières. Ce bar-
bouilleur était si expéditif que M. de Villette
lui en fit compliment. — Moi! répondit-il, je

me fais fort d'effacer en un jour tout ce que
Rubens a peint dans sa vie.

Madame de Villette recevait avec grâce, et
faisait à merveille les honneurs de sa maison.
Ce qui doit compléter son éloge à vos yeux,
c'est qu'elle était extrèmement bienfaisante;
j'ai vu dans son parc une élévation circulaire
et naturelle, où l'on m'a dit qu'elle rassemblait
les jeunes filles du village, pour les instruire
comme aurait pu le faire un maître d'école.

Ah! que j'aurais aimé, chère amie, me promener avec vous dans les bois de Moulin-Joli!
Voilà un de ces lieux qu'on n'oublie pas : si
beau! si varié! pittoresque, élysien, sauvage,
ravissant enfin. Représentez-vous une grande
île, couverte de bois, de jardins, de vergers,
que la Seine coupait par le milieu. On passait
d'un bord à l'autre sur un pont de bateaux,
garni des deux côtés par des caisses remplies
de fleurs, que l'on renouvelait à chaque saison,
et des bancs, placés de distance en distance,
vous permettaient de jouir long-temps d'un air
parfumé, et de points de vues admirables;

de loin, ce pont qui se répétait dans l'eau produisait un effet charmant. Des arbres de haute
futaie, d'un ton très vigoureux, bordaient la
rivière à droite; à gauche, la rive était couverte d'énormes peupliers et de grands saules
pleureurs, dont les branches à douce verdure
tombaient en berceau; un de ces saules entre
autres, formait une énorme voûte, sous laquelle on se reposait, on rêvait avec délices (1).
Je ne puis vous dire combien je me sentais
heureuse dans ce beau lieu, auquel, à mon gré,
je n'ai rien vu de comparable.

Cet Élysée appartenait à un homme de ma
connaissance, M. Watelet, grand amateur des
arts, et auteur d'un poëme sur la peinture.
M. Watelet était un homme distingué, d'un
caractère doux et liant, qui s'était fait beaucoup d'amis. Dans son île enchantée, je le
trouvais en harmonie avec tout ce qui l'entourait; il y recevait avec grâce et simplicité
une société peu nombreuse, mais parfaitement

(1) Le prince de Ligne parle, dans ses Mémoires, de ce
superbe saule.

bien choisie. Une amie à laquelle il était attaché depuis trente ans, était établie chez lui : le temps avait sanctifié pour ainsi dire leur liaison, au point qu'on les recevait ensemble dans la meilleure compagnie, ainsi que le mari de la dame, qui, chose assez bizarre, ne la quittait jamais.

Plus tard, en 1788, Moulin-joli fut acheté par un nommé M. Gaudran, riche commerçant, qui m'invita avec ma famille à venir y passer un mois. Ce nouveau propriétaire n'entendait rien au pittoresque; je vis avec peine qu'il avait déjà gâté quelques parties de cet élysée; heureusement les plus grandes beautés étaient restées intactes. Robert, le peintre de paysage, et moi, nous retrouvâmes tout l'enchantement que ce lieu nous avait déjà fait éprouver. C'est pendant ce voyage que je fis un de mes meilleurs portraits, celui de Robert, la palette à la main. Lebrun Pindare composa son *Exegi monumentum*, ce morceau si plein d'un orgueil que justifie sa beauté. Mon frère aussi fit de très jolis vers. Ces bois nous inspiraient tous.

Monsieur de Calonne, qui m'a donné tant de choses, comme vous savez, m'avait, disait-on, donné aussi Moulin-joli. Ah! si j'avais eu Moulin-Joli, je ne l'aurais, je crois, jamais quitté. Mon bien grand regret, au contraire, est de ne l'avoir pas acheté lorsqu'à ma rentrée en France je l'ai trouvé en vente; mais un retard qui survint dans l'envoi des fonds que j'attendais de Russie m'en ôta les moyens. Moulin-joli fut vendu alors quatre-vingt mille francs à un chaudronnier, qui, en faisant couper tous les beaux arbres, a retrouvé pour le moins, le prix de son acquisition ; et maintenant, quand mes souvenirs me reportent dans ce délicieux séjour, il s'ensuit la triste pensée de sa destruction totale.

Quelque temps avant la révolution, j'allai à Morfontaine, et de là nous fîmes une course à Ermenonville, où je vis le tombeau de J.-J. Rousseau. La célébrité de ce beau parc d'Ermenonville en gâtait la promenade pour moi; on y trouve des inscriptions à chaque pas, cela tyrannise la pensée.

A Morfontaine, j'ai toujours préféré cette partie pittoresque du parc qui n'est point arrangée à l'anglaise, et où se trouve maintenant un grand lac; de l'avis de tous les artistes, au reste, elle tient un premier rang dans son genre. A l'époque dont je vous parle, M. de Morfontaine l'avait embellie, en y creusant des canaux, sur lesquels nous nous promenions en bateau. Le lac, qui n'avait pas alors une aussi grande étendue, était entrecoupé d'îles charmantes : à présent, on n'y voit plus qu'une seule petite île, qui me fait absolument l'effet d'un petit pâté, au milieu de cette immense masse d'eau.

M. de Morfontaine recevait avec tant de bienveillance et de simplicité, que chacun chez lui se croyait chez soi. Le comte de Vaudreuil, Lebrun le poète, le chevalier de Coigny, si aimable et si gai, Brongniart, Robert, Rivière et mon frère, faisaient toutes les nuits des charades, et se réveillaient mutuellement pour se les dire; cette folle gaieté prouve assez de quelle liberté l'on jouissait dans ce beau lieu. A la vérité, l'ordre en était banni aussi bien que la gêne. Heureusement, nous étions entre intimes et en petit nombre; car je n'ai jamais vu château aussi mal tenu. M. de Morfontaine, en toutes choses, poussait le décousu à un degré inimaginable, et vous jugez que sa maison devait se ressentir de cette manière d'être.

A cette époque, M. le Pelletier de Morfontaine était prévôt des marchands; il a fait construire, je ne sais quel pont de Paris. Je me souviens qu'il portait constamment dans sa poche un petit calpin, sur lequel il écrivait sans cesse ce qu'il entendait dire de remarquable dans la société. J'ai souvent essayé de lire par-dessus son épaule; mais, quoique ses lettres fussent très grosses, il m'a toujours été impossible de déchiffrer un seul mot, tant son écriture était informe; je défie bien ses héritiers de tirer jamais parti des souvenirs qu'il doit avoir laissés.

Quand on quittait Morfontaine pour aller à

Maupertuis, on ne pouvait s'abstenir de comparer la tenue de ces deux belles maisons; car la différence était frappante. Partout à Maupertuis régnait l'ordre et la magnificence. M. de Montesquiou tenait là véritablement l'état d'un grand seigneur. Comme il était écuyer de Monsieur (depuis Louis XVIII), il lui était facile de mettre à nos ordres, chevaux, calèches et voitures de toute espèce. Les repas étaient splendides, le château assez vaste pour contenir habituellement trente ou quarante maîtres, tous bien logés, parfaitement soignés; et cette nombreuse société se renouvelait sans cesse.

La mère et la femme de M. de Montesquiou avaient pour moi mille bontés. Sa belle-fille, qui depuis a été gouvernante du fils de Napoléon, était douce, naturelle, très aimable. Quant à lui, je l'avais vu souvent à Paris, et il m'avait toujours semblé fort spirituel, mais sec et frondeur; à Maupertuis, il était doux, affable, en un mot ce n'était plus le même homme. Quand par hasard nous nous trouvions

en petit nombre, il nous faisait le soir des
lectures, et s'en acquittait à merveille. C'est à
Maupertuis, étant grosse et souffrante, que
j'ai fait son portrait, dont je n'ai jamais été
satisfaite.

Je me souviens qu'un soir, en petit comité,
le marquis de Montesquiou tira l'horoscope
de chacun de nous. Il me prédit que je vivrais
long-temps, et que je serais une aimable vieille,
parce que je n'étais pas coquette. Maintenant
que j'ai vécu long-temps, suis-je une aimable
vieille? J'en doute; mais au moins je suis une
vieille aimante, car je vous aime tendrement.

Adieu.

LETTRE X.

Le duc de Nivernais. — Le maréchal de Noailles. — Son mot à Louis XV. — Madame Dubarry. — Louvecienne. — Le duc de Brissac. — Sa mort. — Celle de madame Dubarry. Portraits que j'ai faits à Louveciennes.

J'ai été dîner plusieurs fois à Saint-Ouen, chez le duc de Nivernais, qui avait là une fort belle habitation, et qui réunissait chez lui la plus aimable société qu'on puisse voir. Le duc de Nivernais, que l'on a toujours cité pour la grâce et la finesse de son esprit, avait des ma-

nières nobles et douces sans aucune afféterie.
Il se distinguait surtout par son extrême galanterie avec les femmes de tout âge. Sous ces
rapports, je pourrais en parler comme d'un
modèle dont je n'aurais point trouvé de copie
si je n'avais pas connu le comte de Vaudreuil,
qui, beaucoup plus jeune que M. de Nivernais, joignait à une galanterie recherchée une
politesse d'autant plus flatteuse qu'elle partait
du cœur. Au reste, il est devenu fort difficile
aujourd'hui de donner une idée de l'urbanité,
de la gracieuse aisance, en un mot des manières
aimables qui faisaient, il y a quarante ans, le
charme de la société à Paris. Cette galanterie
dont je vous parle, par exemple, a totalement
disparu. Les femmes régnaient alors, la révolution les a détrônées.

Le duc de Nivernais était petit, fort maigre.
Quoique très âgé, quand je l'ai connu, il était
encore plein de vivacité. Il aimait passionnément la poésie, et faisait des vers charmans.

Je suis allée souvent aussi dîner chez le maréchal de Noailles, dans son beau château si-

tué à l'entrée de Saint-Germain. Il y avait alors un fort grand parc, admirablement soigné. Le maréchal était très aimable: son esprit, sa gaieté animaient tous ses convives, qu'il choisissait parmi les célébrités littéraires et les gens les plus distingués de la ville et de la cour.

Le maréchal de Noailles avait un esprit original et surtout piquant. Il était rare qu'il pût résister au désir de lancer un trait malin ; c'est lui qui répondit à Louis XV, mangeant à la chasse des olives qu'il trouvait mauvaises : « C'est sans doute le fond du baril, sire. »

Ce mot reporte mon souvenir sur une femme dont je ne vous ai pas encore parlé, quoique je l'aie vue de fort près ; une femme qui, sortie des derniers rangs de la société, a passé par les palais d'un roi pour aller à l'échafaud, et à qui sa triste fin fait pardonner le scandaleux éclat de sa vie. C'est en 1786 que j'allai, pour la première fois, à Louveciennes, où j'avais promis de peindre madame Dubarry, et j'étais extrêmement curieuse de voir cette favorite, dont j'avais si souvent entendu parler. Madame Du-

barry pouvait avoir alors quarante-cinq ans
environ. Elle était grande sans l'être trop; elle
avait de l'embonpoint; la gorge un peu forte,
mais fort belle; son visage était encore charmant, ses traits réguliers et gracieux; ses cheveux étaient cendrés et bouclés comme ceux
d'un enfant; son teint seulement commençait
à se gâter.

Elle me reçut avec beaucoup de grâces, et
me parut avoir fort bon ton; mais je lui trouvai plus de naturel dans l'esprit que dans les
manières : outre que son regard était celui
d'une coquette, car ses yeux alongés n'étaient
jamais entièrement ouverts, sa prononciation
avait quelque chose d'enfantin qui ne séyait
plus à son âge.

Elle m'établit dans un corps de logis, situé
derrière la machine de Marly, dont le bruit
lamentable m'ennuyait fort. Dessous mon appartement, se trouvait une galerie fort peu
soignée, dans laquelle étaient placés, sans ordre, des bustes, des vases, des colonnes, des
marbres les plus rares et une quantité d'autres

objets précieux; en sorte qu'on aurait pu se croire chez la maîtresse de plusieurs souverains, qui tous l'avaient enrichie de leurs dons. Ces restes de magnificence contrastaient avec la simplicité qu'avait adoptée la maîtresse de la maison, et dans sa toilette, et dans sa façon de vivre. L'été comme l'hiver, madame Dubarry ne portait plus que des robes-peignoirs de percale ou de mousseline blanche, et tous les jours, quelque temps qu'il fît, elle se promenait dans son parc ou dehors, sans qu'il en résultât aucun inconvénient pour elle, tant le séjour de la campagne avait rendu sa santé robuste. Elle n'avait conservé aucune relation avec la nombreuse cour qui pendant long temps l'avait entourée. L'ambassadrice de Portugal, la belle madame de Sousa, et la marquise de Brunoy étaient, je crois, les deux seules femmes qu'elle vît alors, et durant mes séjours chez elle, que j'ai faits à trois époques différentes, j'ai pu m'assurer que les visites ne troublaient point sa solitude (1). Je ne sais pourquoi cependant les ambassadeurs de Ti-

(1) J'y voyais souvent M. de Monville; aimable et très élégant,

poosaib se crurent obligés d'aller visiter l'ancienne maîtresse de Louis XV. Non-seulement ils vinrent à Louveciennes, mais ils apportèrent des présens à madame Dubarry; entre autres, des pièces de mousseline, très richement brodées en or. Elle m'en donna une superbe, à fleurs larges et détachées, dont les couleurs et l'or sont parfaitement nuancés.

Les soirs, nous étions le plus souvent seules, au coin du feu, madame Dubarry et moi. Elle me parlait quelquefois de Louis XV et de sa eour, toujours avec le plus grand respect pour l'un et les plus grands ménagemens pour l'autre. Mais elle évitait tous détails; il était même évident qu'elle préférait s'abstenir de ce sujet d'entretien, en sorte qu'habituellement sa conversation était assez nulle. Au reste, elle se montrait aussi bonne femme par ses paroles que par ses actions, et elle faisait beaucoup de bien à Louveciennes, où tous les pauvres étaient secourus par elle. Nous allions souvent ensemble

il nous mena à sa campagne, appelée *le Désert*, dont la maison était une tour seulement.

visiter quelque malheureux, et je me rappelle
encore la sainte colère où je la vis, un jour,
chez une pauvre accouchée qui manquait de
tout. — Comment! disait madame Dubarry,
vous n'avez eu ni linge, ni vin, ni bouillon? —
Hélas! rien, madame. Aussitôt nous rentrons
au château; madame Dubarry fait venir sa
femme de charge et d'autres domestiques qui
n'avaient point exécuté ses ordres. Je ne puis
vous dire dans quelle fureur elle se mit contre
eux, tout en faisant faire devant elle un paquet
de linge qu'elle leur fit porter à l'instant même,
avec du bouillon et du vin de Bordeaux.

Tous les jours, après dîner, nous allions prendre le café dans ce pavillon, si renommé pour
le goût et la richesse de ses ornemens. La première fois que madame Dubarry me le fit voir,
elle me dit : « C'est dans cette salle que Louis XV
me faisait l'honneur de venir dîner. Il y avait
au-dessus une tribune pour les musiciens qui
chantaient pendant le repas. » Le salon était
ravissant : outre qu'on y jouit de la plus belle
vue du monde, les cheminées, les portes, tout

était du travail le plus précieux ; les serrures même pouvaient être admirées comme des chefs-d'œuvre d'orfèvrerie, et les meubles étaient d'une richesse, d'une élégance au-dessus de toute description.

Ce n'était plus Louis XV alors qui s'étendait sur ces magnifiques canapés, c'était le duc de Brissac, et nous l'y laissions souvent, parce qu'il aimait à faire sa sieste. Le duc de Brissac vivait comme établi à Louveciennes ; mais rien, dans ses manières et dans celles de madame Dubarry, ne pouvait laisser soupçonner qu'il fût plus que l'ami de la maîtresse du château. Toutefois il était aisé de voir qu'un tendre attachement unissait ces deux personnes, et peut-être cet attachement leur a-t-il coûté la vie. Lorsqu'avant l'époque de la terreur, madame Dubarry passa en Angleterre pour retrouver ses diamans volés, qu'en effet elle y retrouva, les Anglais l'avaient très bien reçue. Ils firent tout pour l'empêcher de retourner en France, au point qu'au moment de son départ, des amis dételèrent ses chevaux de poste. Le seul désir de rejoindre le duc de Brissac, qu'elle avait laissé caché dans son château de Louveciennes, la fit résister aux instances de ceux qui voulaient la retenir à Londres, où la vente de ses diamans pouvait la faire vivre dans l'aisance. Elle partit pour son malheur, et vint retrouver le duc de Brissac à Louveciennes. Fort peu de temps après, le duc fut arrêté sous ses yeux et conduit en prison à Orléans. C'est là qu'on vint le chercher, lui et trois autres, pour les transporter, disait-on, à Versailles. Tous les quatre furent mis dans un tombereau, et à peine à moitié chemin, tous les quatre furent indignement massacrés!

On porta la tête sanglante du duc de Brissac à madame Dubarry, et vous imaginez ce que l'infortunée dut souffrir à cette horrible vue! elle ne tarda pas elle-même à subir le sort réservé alors à tous ceux qui possédaient quelque fortune, comme à ceux qui portaient un grand nom; elle fut trahie et dénoncée par un petit nègre, nommé Zamore, dont il est question dans tous les mémoires du temps, pour avoir été comblé de ses bienfaits et des bienfaits de Louis XV. Arrêtée, mise en prison, madame Dubarry fut jugée et condamnée à mort par le tribunal révolutionnaire à la fin de 1793. Elle est la seule femme, parmi tant de femmes que ces jours affreux ont vues périr, qui ne put soutenir l'aspect de l'échafaud ; elle cria, elle implora sa grâce de la foule atroce qui l'environnait, et cette foule s'émut au point que le bourreau se hâta de terminer le supplice. Ceci m'a toujours persuadé que, si les victimes de ce temps d'exécrable mémoire n'avaient pas eu le noble orgueil de mourir avec courage, la terreur aurait cessé beaucoup plus tôt. Les hommes dont l'intelligence n'est point développée ont trop peu d'imagination pour qu'une souffrance intérieure les touche, et l'on excite bien plus aisément la pitié du peuple que son admiration.

J'ai fait trois portraits de madame Dubarry. Dans le premier je l'ai peinte en buste, petit trois-quarts, en peignoir, avec un chapeau de paille ; dans le second, elle est vêtue en satin blanc ; d'une main elle tient une couronne, et l'un de ses bras est appuyé sur un piédestal. J'ai fait ce tableau avec le plus grand soin; il était, ainsi que le premier, destiné au duc de Brissac, et je l'ai revu dernièrement. Le vieux général à qui il appartient a sans doute fait barbouiller la tête, car ce n'est point celle que j'ai faite; celle-ci a du rouge jusqu'aux yeux, et madame Dubarry n'en mettait jamais. Je renie donc cette tête qui n'est point de moi; tout le reste du tableau est intact et bien conservé. Il vient d'être vendu à la mort de ce général.

Le troisième portrait que j'ai fait de madame Dubarry, est chez moi. Je l'ai commencé vers le milieu de septembre 1789. De Louveciennes, nous entendions des canonnades à l'infini, et je me rappelle que la pauvre femme me disait : « Si Louis XV vivait, sûrement tout cela n'aurait pas été ainsi. » J'avais peint la tête et tracé la taille et les bras, lorsque je fus obligée de faire une course à Paris; j'espérais pouvoir retourner à Louveciennes pour finir mon ouvrage; mais on venait d'assassiner Berthier et Foulon. Mon effroi était porté au comble, et je ne songeais plus qu'à quitter la France; je laissai donc ce tableau à moitié terminé. Je ne sais pas par quel hasard M. le comte Louis de Narbonne s'en trouva possesseur pendant mon absence; à mon retour en France, il me l'a rendu, et je viens de le terminer.

Le triste contenu de cette lettre, m'avertit que je suis arrivée à l'époque de mon existence dont je voudrais pouvoir perdre la mémoire, dont je repousserais les souvenirs, ainsi que je le fais bien souvent, si je ne vous avais promis le récit sincère et complet de ma vie. Il ne s'agira plus maintenant de joies, de soupers grecs, de comédies, mais de jours d'angoisses et d'effroi; et je remets à vous en parler dans mes premières lettres. Adieu, chère.

LETTRE XI.

———

Je ne puis songer aux dernières campagnes que j'ai visitées, sans qu'il se mêle au souvenir de quelques doux momens plus d'un souvenir pénible : en 1788, par exemple, je partis avec Robert, pour aller passer quelques jours à Romainville, chez le maréchal de Ségur; en route, nous remarquâmes que les paysans ne

nous ôtaient plus leurs chapeaux ; ils nous re-
gardaient au contraire avec insolence, et quelques-uns même nous menaçaient avec leurs
bâtons. Arrivés à Romainville, nous fûmes
témoins du plus terrible orage que l'on puisse
voir. Le ciel avait pris un ton jaunâtre, teinté
de gris foncé, et quand ces nuages effrayans
s'entr'ouvrirent, il en sortit des milliers
d'éclairs, accompagnés d'un tonnerre affreux
et de grêlons si énormes qu'ils ravagèrent un
espace de quarante lieues des environs de Paris.
Tant que dura l'orage, je me rappelle que madame de Ségur et moi, pâles et tremblantes,
nous nous regardions en frissonnant ; il nous
semblait voir dans ce jour sinistre le présage
des malheurs, que, sans être astrologue, on pouvait prédire alors.

Le soir et le lendemain, nous allâmes tous
avec le maréchal contempler les tristes effets
de l'orage. Le blé, les vignes, les arbres frui-
tiers, tout était détruit. Les paysans pleuraient
et s'arrachaient les cheveux. Chacun s'empressa
de venir au secours de ces infortunés ; les gros

propriétaires donnèrent beaucoup d'argent;
un homme fort riche distribua aussitôt pour
son compte quarante mille francs aux malheureux qui l'entouraient. A la honte de l'humanité, ce même homme, l'année suivante, fut
massacré un des premiers par les cannibales
révolutionnaires.

Dans cet été de 1788, j'allai passer quinze
jours à la Malmaison, qui appartenait alors à
madame la comtesse du Moley. Madame du
Moley était une jolie femme très à la mode. Son
esprit n'électrisait pas; mais elle comprenait
celui des autres avec intelligence. Le comte
Olivarès était alors établi chez elle, et elle avait
eu pour lui la galanterie de faire placer à
l'entrée d'un chemin situé dans le haut du
parc, une inscription portant : *Sierra Morena.*
Olivarès n'était point ce qu'on appelle aimable.
Ce que j'ai remarqué en lui de plus saillant
était sa malpropreté; ses poches, pleines de
tabac d'Espagne, lui servaient de tabatière.

Le duc de Crillon et le cher abbé Delille
venaient fort souvent à la Malmaison où je me

trouvais heureuse de les rencontrer. Madame
du Moley aimait beaucoup à se promener toute
seule, et j'étais parfaitement de son goût;
en sorte qu'il était convenu que l'on tiendrait
une branche de verdure à la main, si l'on ne
désirait pas se chercher ou s'aborder. Je ne
marchais jamais sans ma branche; mais si j'a-
percevais l'abbé Delille, je la jetais bien vite.

En juin 1789, j'allai dîner à la Malmaison;
j'y trouvai l'abbé Sieyes et plusieurs autres amateurs de la révolution. M. du Moley hurlait
contre les nobles; chacun criait, pérorait sur
toutes choses propres à opérer un bouleverse-
ment général; on eût dit un vrai club, et
ces conversations m'effrayaient horriblement.
Après dîner, l'abbé Sieyes dit à je ne sais plus
quelle personne : « En vérité, je crois que nous
irons trop loin. » — Ils iront si loin qu'ils se
perdront en chemin, dis-je à madame du Moley,
qui avait entendu l'abbé comme moi, et qui
s'attristait aussi de tant de présages funestes.

Dans le même temps à peu près, j'allai passer
quelques jours à Marly, chez madame Auguier,

sœur de madame Campan, et attachée elle-
même au service de la reine. Elle avait près de
la machine un château et un fort beau parc.
Un jour qu'elle et moi étions à une fenêtre qui
avait vue sur la cour, laquelle cour donnait sur
le grand chemin, nous vîmes entrer un homme
ivre, qui tomba par terre. Madame Auguier,
avec sa bonté ordinaire, appela le valet de
chambre de son mari, lui dit de secourir ce
malheureux, de le conduire à la cuisine et
d'en avoir bien soin. Peu de momens après, le
valet de chambre revint. —« En vérité, dit-il,
madame est trop bonne ; c'est un misérable que
cet homme ! voici les papiers qui viennent de
tomber de sa poche. » Et il nous remit plusieurs
cahiers, dont l'un commençait ainsi : A bas la
famille royale ! à bas les nobles ! à bas les prê-
tres ! puis suivaient les litanies révolutionnaires
et mille prédictions atroces, écrites en termes
qui faisaient dresser les cheveux. Madame Auguier fit venir la maréchaussée, à qui était alors
confiée la garde des villages. Quatre de ces
militaires arrivent ; on leur enjoint d'emmener

cet homme et de prendre des informations sur
son compte; ils l'emmènent; mais le valet de
chambre les ayant suivis de loin sans qu'ils s'en
aperçussent, les vit, dès qu'ils eurent tourné
le chemin, prendre leur prisonnier bras dessus
bras dessous, et sauter, chanter avec lui, de
l'air du meilleur accord. Je ne puis vous dire
à quel point ceci nous effraya. Qu'allions-nous
devenir, mon Dieu! si la force publique faisait cause commune avec les coupables?

J'avais conseillé à madame Auguier de montrer ces cahiers à la reine, et quelques jours
après, se trouvant de service, elle les fit lire
à S. M., qui les lui rendit en disant : « Ce
sont des choses impossibles; je ne croirai jamais qu'ils méditent de pareilles atrocités. »
Hélas les évènemens n'ont que trop tôt dissipé
ce noble doute, et sans parler de l'auguste
victime qui ne voulait point croire à tant d'horreurs, la pauvre madame Auguier elle-même
était destinée à payer son dévouement de sa
vie.

Ce dévouement ne s'est jamais démenti;

dans les cruels momens de la révolution, sachant que la reine était sans argent, elle s'empressa de lui prêter vingt-cinq louis. Les révolutionnaires le surent, et vinrent aussitôt au château des Tuileries pour la conduire en prison, ou pour mieux dire à la guillotine. En les voyant arriver, l'air furieux, la menace à la bouche, madame Auguier préféra une mort prompte à l'angoisse de tomber entre leurs mains. Elle sé jeta par la fenêtre et se tua.

J'ai peu connu de femmes aussi belles et aussi aimables que madame Auguier. Elle était grande et bien faite; son visage était d'une fraîcheur remarquable, son teint blanc et rose, et ses jolis yeux exprimaient sa douceur et sa bonté. Elle a laissé deux filles, que j'ai connues dès leur enfance à Marly. L'une a épousé le maréchal Ney; la seconde a été mariée à M. Debroc. Cette dernière a péri bien jeune encore, et bien malheureusement. Comme elle voyageait avec madame. Louis Bonaparte, son intime amie, elle voulut, dans une incursion à Ancenis, traverser sur une planche un profond précipice ; la planche manqua sous ses pieds, et l'infortunée tomba morte dans l'abîme !

Madame Auguier avait deux sœurs : l'une était madame Campan si connue, et comme la première femme de chambre de la reine, et comme l'habile directrice de cette maison d'éducation, à Saint-Germain, dans laquelle toutes les notabilités de l'empire faisaient élever leurs filles. J'avais connu madame Campan à Versailles, à l'époque où elle jouissait de toute la faveur et de toute la confiance de la reine. Je ne doutais nullement qu'elle n'eût conservé à son auguste maîtresse le dévouement et la reconnaissance dus à tant de bontés, lorsque, pendant mon séjour à Pétersbourg, vous pouvez vous rappeler qu'un soir je l'entendis accuser d'avoir abandonné et trahi la reine. Ne pouvant voir dans ce propos que la plus infame calomnie, je pris avec chaleur la défense de ma compatriote ; et je m'écriai plusieurs fois : C'est impossible ! Deux ans plus tard, revenue en France, je reçus, peu de jours après mon arrivée, la

lettre suivante, que m'écrivit madame Campan,
et que je copie ici, afin de vous faire connaître
une justification qui me semble porter tous
les caractères de la franchise.

Saint-Germain, ce 27 janvier, vieux style.

Vous avez dit bien loin de moi, aimable
dame : *C'est impossible !* Le véritable esprit,
la bonté, la sensibilité ont dirigé votre opinion;
et ces qualités rares, si rares de nos jours, se
sont, pour mon bonheur, trouvées chez vous
réunies à des talens encore plus rares. Vous
entendez mon impossible autant que je suis
pénétrée de ce qu'il a été prononcé par vous.
En effet, comment croire que jamais j'aie pu
séparer un moment mes sentimens, mes opinions, mon dévouement, de tout ce que je devais à l'être trop infortuné qui, tous les jours,
faisait mon bonheur et celui des miens, et dont
la conservation dans des droits qui étaient at-
taqués par une faction perfide et sanguinaire
assurait le bonheur de tous et le mien parti-

culièrement? J'ai eu, au contraire, l'avantage
de lui donner des preuves non équivoques
d'une reconnaissance telle qu'elle avait droit
d'attendre. Ma pauvre sœur Auguier et moi,
quoique je ne fusse pas de service, avons affronté la mort, pour ne la point quitter, dans
la nuit à jamais mémorable et horrible du 10
août. Sorties de ce massacre, cachées et mou-
rantes d'effroi dans des maisons de Paris, nous
avons ranimé nos forces pour parvenir jusqu'aux Feuillans, et la servir encore dans sa
première détention à l'Assemblée. Pétion seul
nous a séparées d'elle, lorsque nous voulûmes
la suivre au Temple. — Avec des faits aussi
vrais et si naturels, que je suis loin d'en tirer
vanité, comment, direz-vous, peut-on avoir été
aussi étrangement calomniée? Ne fallait-il pas
me faire payer chèrement une faveur marquée
et soutenue pendant tant d'années. Pardonne-
t-on la faveur dans une cour, même quand elle
tombe sur une personne de la classe de la do-
mesticité? On voulait me perdre dans l'esprit
de la reine, voilà tout. On n'y réussit pas, et

l'on saura quelque jour jusqu'à quel degré elle
m'a conservé sa bienveillance et sa confiance
dans les choses les plus importantes. Je dois
cependant ajouter, pour ne rien déguiser de
ce qui a pu porter à méconnaître mes véritables sentimens, que jamais je n'avais pu ame-
ner mon esprit à concevoir le plan de l'émigration; que je le regardais comme funeste
aux émigrans, mais bien plus encore, dans mes
idées à cette époque, au salut de Louis XVI.
Habitant les Tuileries, j'étais sans cesse frappée de cette réflexion, qu'il n'y avait qu'un
quart de lieue de ce palais aux faubourgs in-
surgés, et cent lieues de Coblentz ou des ar-
mées protectrices. Le sentiment et l'esprit des
femmes sont bavards; je disais trop et trop
souvent mon opinion sur cette mesure qui,
dans ce temps, était l'espoir de tous. Un sentiment bien différent de l'amour insensé et cri-
minel d'une révolution affreuse dictait mes
craintes. Le temps ne les a que trop justifiées;
et les innombrables victimes de ce projet ne
devraient plus me les imputer à crime.

Mais enfin, j'existe à présent sous une forme nouvelle ; j'y suis livrée en entier, et avec la paix d'un cœur qui n'a pas le plus léger reproche à se faire. Depuis long-temps je désire vous faire voir l'ensemble de mon plan d'éducation, vous recevoir, vous fêter en amie sincère et précieuse. Prenez un jour avec l'intéressante et infortunée Rousseau, et ce sera pour moi un jour de fête. Croyez à ma tendresse, à mon estime, à ma reconnaissance, enfin à tous les sentimens que je vous ai voués.

GENET CAMPAN.

Madame Auguier, outre madame Campan, avait une autre sœur, nommée madame Rousseau, fort aimable femme, que la reine avait attachée au service du premier dauphin, et qui m'a souvent donné l'hospitalité, lorsque j'avais des séances à la cour (1). Elle était devenue si

(1) Madame Rousseau a laissé un fils, connu sous le nom d'Amédée de Beauplan, qui est très bon musicien. Il compose des romances charmantes, et les chante à merveille.

(*Note de l'Auteur.*)

chère au jeune prince qu'elle soignait, que l'aimable enfant lui disait, deux jours avant de mourir : « Je t'aime tant, Rousseau, que je t'aimerai encore après ma mort. »

Le mari de madame Rousseau était maître d'armes des enfans de France. Aussi, comme attaché à double titre à la famille royale, ne put-il échapper à la mort : il fut pris et guillotiné. On m'a dit que, son jugement rendu, un juge avait eu l'atrocité de lui crier : « Pare celle-ci, Rousseau ! »

En vous entretenant de ces horreurs, j'anticipe sur le temps dont il me reste à vous parler jusqu'au jour où j'ai quitté la France. Je reprendrai dans une première lettre le récit des tristes évènemens qui m'ont obligée à fuir mon pays pour aller chercher dans des pays étrangers, non-seulement ma sûreté, mais cette bienveillance dont vous-même m'avez comblée, durant mon séjour en Russie, et dont je garde une si douce mémoire.

Adieu, chère amie.

LETTRE XII.

L'affreuse année de 1789 était commencée,
et la terreur s'emparait déjà de tous les esprits
sages. Je me rappelle parfaitement qu'un soir
où j'avais réuni du monde chez moi pour un
concert, la plus grande partie des personnes
qui m'arrivaient, entraient avec l'air consterné;

elles avaient été le matin à la promenade de
Longchamp ; la populace, rassemblée à la barrière de l'Étoile, avait injurié de la façon la
plus effrayante les gens qui passaient en voiture ; des misérables montaient sur les marche-
pieds en criant : « L'année prochaine, vous
« serez derrière vos carrosses, c'est nous qui se-
« rons dedans ! » et mille autres propos plus
infames encore. Ces récits, comme vous pouvez
croire, attristèrent beaucoup ma soirée ; je me
souviens d'avoir remarqué que la personne la
moins effrayée était madame de Villette, la
belle et bonne de Voltaire. Quant à moi, j'a-
vais peu besoin d'apprendre de nouveaux détails pour entrevoir les horreurs qui se prépa-
raient. Je savais, à n'en pouvoir douter, que ma
maison, rue du Gros-Chenet, où je venais de
m'établir depuis trois mois seulement, était
marquée par les malfaiteurs. On jetait du soufre
dans mes caves par les soupiraux. Si j'étais à
ma fenêtre, de grossiers sans-culottes me menaçaient du poing ; mille bruits sinistres m'arrivaient de tous les côtés ; enfin, je ne vivais

plus que dans un état d'anxiété et de chagrin
profond.

Ma santé s'altérait sensiblement, et deux de
mes bons amis, Brongniart, l'architecte, et sa
femme, étant venus me voir, me trouvèrent
si maigre et si changée, qu'ils me conjurèrent
de venir passer quelques jours chez eux, ce que
j'acceptai avec reconnaisance. Brongniart avait
son logement aux Invalides; je fus conduite
chez lui par un médecin attaché au Palais-Royal,
et dont les gens portaient la livrée d'Orléans,
la seule qui fût alors respectée. On me donna
le meilleur lit. Comme je ne pouvais pas manger, on me nourrissait avec d'excellent vin
de Bordeaux et du bouillon, et madame Brongniart ne me quittait pas. Tant de soins auraient dû me calmer, outre que mes amis voyaient
beaucoup moins en noir que moi; mais il était
impossible de me rassurer contre les maux que
je prévoyais. — A quoi bon vivre? à quoi bon
se soigner? disais-je souvent à mes bons amis;
car l'effroi que m'inspirait l'avenir me faisait
prendre la vie en dégoût; et pourtant il faut

le dire, si loin que pût aller mon imagination, je ne devinais qu'une partie des crimes qui se sont commis plus tard.

Je me rappelle avoir soupé chez Brongniart avec l'excellent M. de Sombreuil, alors gouverneur des Invalides. Il nous dit savoir qu'on devait venir s'emparer des armes qu'il tenait en dépôt. — Mais, ajouta-t-il, je les ai si bien cachées que je défie bien qu'ils les trouvent. Ce brave homme ne songeait pas qu'on ne pouvait alors compter que sur soi-même. Comme les armes ne tardèrent pas à être enlevées, il faut croire qu'il fut trahi par les gens de l'hôtel qu'il avait employés.

M. de Sombreuil, aussi recommandable par ses vertus privées que par ses talens militaires, s'est trouvé au nombre des prisonniers que l'on devait immoler dans les prisons le 2 septembre. Les assassins accordèrent sa vie aux larmes, aux supplications de son héroïque fille; mais, atroces jusque dans le pardon, ils forcèrent mademoiselle de Sombreuil à boire un verre du sang qui coulait à flots devant la prison !

et pendant fort long-temps, la vue de tout ce qui portait la couleur rouge causait d'horribles vomissemens à cette jeune infortunée. Plus tard (en 1794), M. de Sombreuil fut envoyé à l'échafaud par le tribunal révolutionnaire. Ces deux évènemens ont inspiré au poète Legouvé le plus beau de ses vers :

Des bourreaux l'ont absous, des juges l'ont frappé.

M. de Sombreuil avait laissé un fils, très distingué par son caractère et par sa bravoure. Il commandait un des régimens venus d'Angleterre à Quiberon vers la fin de 1795. La Convention nationale ayant violé la capitulation souscrite par le général Hoche, M. de Sombreuil reçut la mort comme un brave; il ne voulut pas qu'on lui bandât les yeux, et commanda lui-même le feu. Tallien, au moment de l'exécution, lui dit;— Monsieur, vous êtes d'une famille bien malheureuse. — J'étais venu la venger, répondit M. de Sombreuil, mais je ne puis que l'imiter.

Madame Brongniart me menait promener derrière les Invalides ; il y avait tout près de là quelques maisons de paysans. Comme nous étions assises contre une de ces masures, nous entendîmes causer entre eux deux hommes qui ne pouvaient nous voir. — Veux-tu gagner dix francs, disait l'un, viens avec nous faire le train. Il ne s'agit que de crier : A bas celui-ci ! à bas celui-là ! et surtout de crier bien fort contre *Cayonne*. — Dix francs sont bons à gagner, répondait l'autre ; mais n'aurons nous pas des taloches ? — Allons donc ! reprit le premier, c'est nous qui les donnons les taloches. Vous jugez de l'effet que faisaient sur moi de pareils dialogues !

Le lendemain du jour dont je vous parle, nous passions devant la grille des Invalides où se trouvait une foule immense, composée de ce vilain monde qui se promenait habituellement sous les galeries du Palais-Royal ; tous gens sans aveu et sans habits, qui n'étaient ni ouvriers, ni paysans, auxquels on ne pouvait supposer un état, sinon celui de bandit,

tant leurs figures étaient effrayantes. Madame
Brongniart, plus courageuse que moi, s'effor-
çait de me rassurer ; mais j'avais une telle peur,
que je reprenais le chemin de la maison, quand
nous vîmes arriver de loin une jeune personne
à cheval, qui portait un habit d'amazone et
un chapeau ombragé de plumes noires. A l'instant, l'horrible bande forme la haie de deux
côtés pour laisser passer au milieu d'elle la
jeune personne, que suivaient deux piqueurs à
la livrée d'Orléans. Je reconnus aussitôt cette
belle Paméla (1) que madame de Genlis avait
amenée chez moi. Elle était alors dans toute sa
fraîcheur et vraiment ravissante ; aussi enten-
dions-nous toute la horde crier : Voilà, voilà
celle qu'il nous faudrait pour reine ! Paméla
allait et revenait sans cesse au milieu de cette
dégoûtante populace, ce qui me donna bien
tristement à penser.

Peu après je retournai chez moi, mais je

---

(1) Elle a épousée depuis lord Fitz-Gerald, dont elle est
veuve maintenant, car elle vit encore, mais bien changée.

(*Note de l'Auteur.*)

ne pouvais y vivre. La société me semblait
être en dissolution complète, et les honnêtes
gens sans aucun appui ; car la garde nationale
était si singulièrement composée qu'elle offrait
un mélange aussi bizarre qu'il était effrayant.
Aussi la peur agissait-elle sur tout le monde ; les
femmes grosses que je voyais passer me faisaient
peine ; la plupart avaient la jaunisse de frayeur.
J'ai remarqué au reste, que la génération née
pendant la révolution, est en général beaucoup
moins robuste que la précédente : que d'enfans
en effet, à cette triste époque, ont dû naître
faibles et souffrans.

M. de Rivière, chargé d'affaires de la Saxe,
dont la fille avait épousé mon frère, vint m'of-
frir de me donner l'hospitalité, et je passai
chez lui deux semaines au moins. C'est là que
je vis porter le buste du duc d'Orléans et
celui de M. Necker qu'une nombreuse populace suivait, en proclamant à grands cris que
l'un serait leur roi et l'autre leur protecteur !
Le soir ces honnêtes gens revinrent, ils mirent
le feu à la barrière qui se trouvait au bout de

notre rue (la rue Chaussée-d'Antin), puis ils dépavèrent, ils établirent des barricades, en criant : « Voilà les ennemis qui arrivent. » Les ennemis n'arrivaient point; hélas! ils étaient dans Paris.

Quoique je fusse traitée chez M. de Rivière comme un de ses enfans, et que je pusse me croire en sûreté chez lui puisqu'il était ministre étranger, mon parti était pris de quitter la France. Depuis plusieurs années, j'avais le désir d'aller à Rome. Le grand nombre de portraits que je m'étais engagée à faire m'avait seul empêché jusqu'alors d'exécuter mon projet; mais, si l'instant de partir devait jamais arriver pour moi, certes, il était venu, je ne pouvais plus peindre : mon imagination attristée, flétrie par tant d'horreurs, cessait de s'exercer sur mon art; d'ailleurs, des libelles affreux pleuvaient sur mes amis, sur mes connaissances, sur moi-même, hélas! et quoique, grâce au ciel, je n'eusse jamais fait de mal à personne, je pensais un peu comme celui qui disait : « On m'accuse d'avoir pris les tours de Notre-Dame;

elles sont encore en place ; mais je m'en vais, car il est clair que l'on m'en veut. »

Je laissais plusieurs portraits commencés, entre autres celui de mademoiselle Contat; je refusai aussi dans ce moment de peindre mademoiselle de La Borde (depuis duchesse de Noailles), que son père m'amena : elle avait à peine seize ans et elle était charmante ; mais il ne s'agissait plus de succès, de fortune; il s'agissait seulement de sauver sa tête. En conséquence, je fis charger ma voiture, et j'avais mon passeport pour partir le lendemain avec ma fille et sa gouvernante, lorsque je vis entrer dans mon salon une foule énorme de gardes nationaux avec leurs fusils. La plupart d'entre eux étaient ivres, mal vêtus, et portaient des figures effroyables. Quelques-uns s'approchèrent de moi , et me dirent dans les termes les plus grossiers que je ne partirais point, qu'il fallait rester. Je répondis que, chacun étant appelé alors à jouir de sa liberté, je voulais en profiter pour mon compte. A peine m'écoutaient-ils, répétant toujours : Vous ne partirez pas, citoyenne, vous ne partirez pas. » Enfin ils s'en allèrent, je restai plongée dans une anxiété cruelle, quand j'en vis rentrer deux, qui ne m'effrayèrent pas, quoiqu'ils fussent de la bande, tant je reconnus vite qu'ils ne me voulaient point de mal. — Madame, me dit l'un, nous sommes vos voisins; nous venons vous donner le conseil de partir, et de partir le plus tôt possible. Vous ne pourriez pas vivre ici, vous êtes si changée que vous nous faites de la peine (1). Mais n'allez pas dans votre voiture; partez par la diligence, c'est bien plus sûr.

Je les remerciai de tout mon cœur, et je suivis leurs bons avis. J'envoyai donc retenir trois places, voulant toujours emmener ma fille, qui avait alors cinq ou six ans; mais je ne pus les avoir que quinze jours plus tard, tout ce qui émigrait partant comme moi par la diligence.

Enfin, ce jour si attendu fut le 5 octobre, le

(1) La veille de mon départ, j'allai chez ma mère, qui ne me reconnut qu'à mon son de voix. Il n'y avait pas trois semaines que nous nous étions vues.

jour même où le roi et la reine furent amenés de Versailles à Paris au milieu des piques ! Mon frère fut témoin de l'arrivée de Leurs Majestés à l'Hôtel-de-Ville ; il entendit le discours de M. Bailly, et comme il savait que je devais partir dans la nuit, il revint chez moi vers dix heures du soir. — Jamais, me dit-il, la reine n'a été plus reine qu'aujourd'hui, lorsqu'elle est entrée d'un air si calme et si noble au milieu de ces énergumènes. Puis il me rapporta cette belle réponse qu'elle avait faite à M. Bailly : « J'ai tout vu, tout su, et j'ai tout oublié. »

Les évènemens de cette journée m'accablaient d'inquiétude sur le sort de Leurs Majestés et sur celui des honnêtes gens, en sorte qu'à minuit, on me traîna à la diligence dans un état qui ne peut se décrire. Je redoutais extrêmement le faubourg Saint-Antoine, que j'allais traverser pour gagner la barrière du Trône. Mon frère, le bon Robert, et mon mari m'accompagnèrent jusqu'à cette barrière, sans quitter un instant la portière de la diligence. Ce faubourg, dont nous avions une si grande peur, était d'une tranquillité parfaite ; tous ses habitans, ouvriers et autres, avaient été à Versailles chercher la famille royale, et la fatigue du voyage les tenait tous endormis.

J'avais en face de moi, dans la diligence, un homme extrêmement sale, et puant comme la peste, qui me dit fort simplement avoir volé des montres et plusieurs effets. Heureusement il ne voyait rien sur moi qui pût le tenter ; car je n'emportais que très peu de linge et quatre-vingts louis pour mon voyage. J'avais laissé à Paris mes effets, mes bijoux, et le fruit de mon travail était resté dans les mains de mon mari qui dépensa tout (1), ainsi que je vous l'ai déjà dit.

Le voleur ne se contentait pas de nous raconter ses hauts faits, il parlait sans cesse de mettre à la lanterne telles ou telles gens, nom-

_____

(1) J'ai vécu dans l'étranger des portraits que je faisais. Bien loin que M. Lebrun m'ait jamais fait passer de l'argent, il m'écrivait des lettres si lamentables sur sa détresse, que je lui envoyai une fois mille écus et une autre fois cent louis, de même que plus tard j'envoyai la même somme à ma mère.

mant ainsi une foule de personnes de ma connaissance. Ma fille trouvait cet homme bien
méchant; il lui faisait peur, ce qui me donna
le courage de dire : « Je vous en prie, mon-
« sieur, ne parlez pas de meurtre devant cette
« enfant. »

Il se tut, et finit par jouer à la bataille avec
la petite. Il se trouvait en outre, sur la ban-
quette où j'étais assise, un forcené jacobin de
Grenoble, âgé de 50 ans environ, laid, au teint
bilieux, qui, chaque fois que nous arrêtions dans
une auberge pour dîner ou pour souper, se mettait à pérorer dans son sens de la plus terrible
façon. Dans toutes les villes, une foule de gens
arrêtaient la diligence pour apprendre des nouvelles de Paris. Notre jacobin s'écriait alors :
« Soyez tranquilles, mes enfans; nous tenons
à Paris le boulanger et la boulangère. On leur
fera une constitution; ils seront forcés de l'accepter, et tout sera fini. » Les gobe-mouches,
dont on montait ainsi les têtes, croyaient cet
homme comme un oracle. Tout cela me faisait
cheminer bien tristement. Je ne craignais plus

pour moi-même; mais je craignais pour tous,
pour ma mère, mon frère, mes amis. Je tremblais aussi sur le sort de Leurs Majestés; car
tout le long de la route, presque jusqu'à Lyon,
des hommes à cheval s'approchaient de la diligence, pour nous dire que le roi et la reine
étaient massacrés, que Paris était en feu. Ma
pauvre petite fille devenait toute tremblante;
elle croyait voir son père et notre maison brû-
lés, et quand mes efforts parvenaient à la rassurer, arrivait bientôt un autre homme à cheval qui nous répétait ces horreurs.

Enfin, j'entrai dans Lyon; je me fis conduire
chez M. Artaut, négociant, que j'avais quelquefois reçu chez moi, à Paris, ainsi que sa
femme. Je les connaissais peu tous deux; mais ils
m'avaient inspiré de la confiance, vu que nos
opinions étaient entièrement les mêmes sur
tout ce qui se passait alors. Mon premier soin
fut de leur demander s'il était vrai que le roi et
la reine eussent été massacrés, et, grâce au ciel,
pour cette fois on me rassura!

Monsieur et madame Artaut eurent d'abord

quelque peine à me reconnaître, non-seulement parce que j'étais changée à un point inimaginable, mais aussi parce que je portais le
costume d'une ouvrière mal habillée, avec un
gros fichu me tombant sur les yeux. J'avais eu
lieu dans la route de m'applaudir d'avoir pris
cette précaution : je venais d'exposer au salon
le portrait qui me représente avec ma fille dans
mes bras (1). Le jacobin de Grenoble parla de
l'exposition, et fit même l'éloge de ce portrait.
Je tremblais qu'il ne me reconnût ; j'employai
toute mon adresse à lui cacher mon visage :
grâce à ce soin et à mon costume, j'en fus quitte
pour la peur.

Je passai trois jours à Lyon dans la famille
Artaut. J'avais grand besoin de ce repos ; mais
à l'exception de mes hôtes, je ne vis personne
de la ville, désirant conserver le plus strict in-
cognito. M. Artaut arrêta pour moi un voitu-
rier, auquel il dit que j'étais sa parente. Il me

(1) J'avais fait ce portrait pour M. d'Angevilliers. Il a été
soustrait à son propriétaire lors de l'émigration, et porté depuis
au ministère de l'intérieur.

recommanda fortement à ce brave homme,
qui eut en effet pour moi et pour ma fille tous
les soins imaginables.

Je ne puis vous dire ce que j'éprouvai en
passant le pont Beauvoisin. Là seulement je
commençai à respirer, j'étais hors de France,
de cette France qui pourtant était ma patrie,
et que je me reprochais de quitter avec joie.
L'aspect des monts parvint à me distraire de
toutes mes pensées, je n'avais jamais vu de
hautes montagnes; celles de la Savoie me parurent toucher au ciel avec lequel un épais
brouillard les confondait. Mon premier sentiment fut celui de la peur, mais je m'accou-
tumai insensiblement à ce spectacle, et je finis
par admirer.

Le paysage du chemin des Échelles me
ravit; je crus voir la *Galerie des Titans*, et je
l'ai toujours appelé ainsi depuis. Voulant jouir
plus complètement de toutes ces beautés, je
descendis de voiture; mais à moitié du chemin
à peu près je fus saisie d'une grande terreur;

car on exploitait au moyen de la poudre une partie de rochers; il en résultait l'effet d'un milliers de coups de canon, et ce bruit, se répétant de roche en roche, était infernal.

Je montai le mont Cénis, comme plusieurs étrangers le montaient aussi; un postillon s'approcha de moi : — Madame devrait prendre un mulet, me dit-il, car monter à pied, c'est trop fatigant pour une dame comme elle. Je lui répondis que j'étais une ouvrière, bien accoutumée à marcher. — Ah! reprit-il en riant, madame n'est pas une ouvrière, on sait qui elle est. — Eh bien, qui suis-je donc? demandai-je. — Vous êtes madame Lebrun, qui peint dans la perfection, et nous sommes tous très contens de vous savoir loin des méchans. Je n'ai jamais pu deviner comment cet homme avait pu savoir mon nom; mais cela m'a prouvé combien les jacobins avaient d'émissaires. Heureusement je ne les craignais plus; j'étais hors de leur exécrable puissance. A défaut de patrie, j'allais habiter des lieux où fleu-

rissaient les arts, où régnait l'urbanité; j'allais
visiter Rome, Naples, Berlin, Vienne, Pétersbourg, et surtout, ce que j'ignorais alors, chère
amie, surtout, j'allais vous trouver, vous connaître et vous aimer.

NOTES ET PORTRAITS.

———

L'ABBÉ DELILLE.

Jacques Delille n'a été toute sa vie qu'un
enfant, le plus aimable, le meilleur, et le plus
spirituel enfant qu'on puisse voir. On l'appelait *chose légère*, et j'ai toujours été frappée
de la justesse de ce mot; car nul homme plus
que lui n'effleurait la vie, sans s'attacher fortement à quoi que ce soit au monde. Jouissant

de l'heure présente sans songer à l'heure qui
devait suivre, il était rare qu'il fixât son esprit
sur une pensée profonde. Rien n'était plus facile à qui voulait prendre de l'empire sur lui
que de le conduire et de l'entraîner: son mariage en est une bien forte preuve. Avec qui
n'avait-il pas gémi de la chaîne qu'il portait,
alors qu'il était encore temps de la rompre!
Enfin, un ami le décide à reprendre sa liberté,
et lui offre un asile. Delille accepte; ravi, tout-
à-fait résolu, il demande seulement une heure
pour aller se munir de quelques effets. Le soir,
cet ami ne le voyant point reparaître, va le
chercher.—Eh bien?—Eh bien! répond Delille,
je l'épouse, mon ami; j'espère que tu voudras
bien me servir de témoin.

Le comte de Choiseul-Gouffier, avec qui
il était intimement lié, et qui partait pour la
Grèce, lui avait parlé plusieurs fois du désir
qu'il avait de l'emmener avec lui; cependant
rien n'était convenu, rien n'était arrêté entre
eux pour ce voyage. Le jour du départ, le
comte va chez l'abbé et lui dit: «Je pars à

l'instant, venez avec moi, la voiture est prête. »
Et l'abbé monte, sans avoir fait aucuns préparatifs, auxquels à la vérité M. de Choiseul avait
pourvu.

Arrivé à Marseille, Delille se promène sur
le rivage, regarde la mer : une profonde mé-
lancolie s'empare de lui. « Je ne pourrai jamais,
se dit-il , mettre cette immensité entre mes
amis et moi; non, je n'irai pas plus loin. » Alors
il quitte furtivement M. de Choiseul, et va se
cacher dans un petit cabaret, un véritable bou-
chon, où il se croit introuvable; mais, à force
de recherches, M. de Choiseul le découvre, le
ramène et l'embarque avec lui.

Éloigné de ses amis, il ne les oublia jamais,
et leur donnait souvent de ses nouvelles. Il
m'écrivit plusieurs fois d'Athènes; dans une de
ses lettres, il me disait avoir inscrit mon nom
sur le temple de Minerve; ce que m'étant rappelé à Naples, je lui écrivis, à mon tour, qu'avec
beaucoup plus de raison j'avais écrit le sien
sur le tombeau de Virgile. Je regretterai toujours la perte que j'ai faite et des lettres de

l'abbé Delille, et de celles que M. de Vaudreuil
m'adressait pendant le voyage qu'il fit en Espagne avec le comte d'Artois, qui étaient pleines de détails intéressans sur ce pays. Je confiai
le tout à mon frère en quittant la France, et
dans le temps des visites domiciliaires, mon
frère jugea prudent de brûler ces correspon-
dances.

L'abbé Delille a passé sa vie dans la haute
société, dont il faisait le plus brillant ornement.
Non-seulement il disait ses vers d'une manière
ravissante ; mais son esprit si fin, sa gaieté si
naturelle donnaient à sa conversation un
charme indicible. Personne ne contait comme
lui ; il faisait les délices de tous les cercles par
mille récits, par mille anecdotes, sans jamais
y mêler le fiel ou la satire ; aussi peut-on dire
que tout le monde l'aimait, comme on peut
dire aussi qu'il aimait tout le monde. Ce dernier mérite (si c'en est un) tenait en lui, je
pense, à cette faiblesse de caractère dont j'ai
déjà parlé. Il ne savait pas plus haïr que résister, et dans l'ordinaire de la vie, sa facilité

était vraiment rare. Vous avait-il promis de
venir dîner chez vous; au moment de partir
pour s'y rendre, s'il arrivait une personne qui
vînt le chercher, elle vous l'enlevait, et vous
l'attendiez en vain. Je me souviens qu'un jour,
comme nous lui reprochions d'avoir ainsi manqué de parole, il nous prouva qu'il avait réponse
à tout : « Je me persuade, dit-il, que celui qui
vient me chercher est plus pressé que celui qui
m'attend. »

Il avait des traits de bonhomie qui rappelaient
beaucoup La Fontaine. Un soir qu'il venait de
souper chez moi, je lui dis : —L'abbé, il est bien
tard ; vous demeurez si loin que je m'inquiette
de vous voir retourner à cette heure-ci, menant
votre cabriolet. — J'ai toujours la précaution
de porter un bonnet de nuit dans ma poche,
répondit-il. Je lui proposai alors de lui faire
établir un lit dans mon salon. — Non, non,
dit-il, j'ai dans votre rue un ami chez lequel
je vais coucher très souvent; cela ne le gêne en
rien, et je puis m'y rendre à toute heure. Ce
qu'il fit aussitôt.

Nul être ne jouissait autant de la vie, n'en effleurait davantage tous les charmes: toujours prêt à rire, à s'amuser, Delille avait une sorte de bonheur qui ressemblait au bonheur d'un enfant. Ce même homme pourtant a déployé la plus grande énergie tant qu'a duré la révolution. Tout le monde sait avec quel glorieux courage il repoussa Chaumette, procureur de la commune, qui lui commandait en 1793 une ode à la déesse de la raison. Delille ne pouvait ignorer que son refus était son arrêt de mort, et c'est alors qu'il fit ce beau dithyrambe sur l'immortalité de l'ame; il le lut à Chaumette, et quand il en fut à ces vers :

> Oui, vous qui de l'Olympe usurpant le tonnerre,
> Des éternelles lois renversez les autels;
> Lâches oppresseurs de la terre,
> Tremblez, vous êtes immortels!

il s'arrêta, regarda le tribun, et répéta d'une voix forte et assurée: « vous aussi, tremblez, « vous êtes immortel. » Chaumette, quoique fort interdit, murmura quelques menaces : —

Je suis tout prêt, répondit Delille, je viens de vous lire mon testament. Pour cette fois le courage de l'honnête homme eut un heureux succès, car Chaumette le quitta pour aller dire à ses amis qu'il n'était pas encore temps de faire mourir Delille, que depuis il ne cessa de protéger. Le poète n'en crut pas moins qu'il était prudent d'émigrer ; il passa en Angleterre, où il se vit accueilli et recherché par tout ce qu'on y trouvait de personnes distinguées et recommandables.

Sa muse garda toujours son feu sacré pour ses rois légitimes. Sous le règne de l'usurpateur qui faisait trembler le monde entier, il fit paraître son poème de *la Pitié,* et rentré en France, il eut le courage, plus rare peut-être, de résister aux feintes caresses d'un pouvoir absolu. Il ne craignit pas de s'exposer à la disgrâce pour conserver sa propre estime, l'estime de ses amis et l'admiration générale, dont il a joui jusqu'à son dernier jour.

I.   14

LE COMTE DE VAUDREUIL.

Né dans un rang élevé, le comte de Vaudreuil devait encore plus à la nature qu'à la fortune, quoique celle-ci l'eût comblé de tous ses dons. Aux avantages que donne une haute position dans le monde il joignait toutes les qualités, toutes les grâces qui rendent un homme aimable ; il était grand, bien fait, son maintien avait une noblesse et une élégance remarquables ; son regard était doux et fin, sa physionomie extrêmement mobile comme ses idées, et son sourire obligeant prévenait pour lui au premier abord. Le comte de Vaudreuil avait beaucoup d'esprit, mais on était tenté de croire qu'il n'ouvrait la bouche que pour faire valoir le vôtre, tant il vous écoutait d'une manière aimable et gracieuse ; soit que la conversation fut sérieuse ou plaisante, il en savait prendre tous les tons, toutes les nuances, car il avait autant d'instruction que de gaieté ; il contait admirablement, et je connais des vers de lui

que les gens les plus difficiles citeraient avec
éloge; mais ces vers n'ont été lus que par ses
amis; Il désirait d'autant moins les répandre,
qu'il s'est permis d'employer dans quelques-uns
l'esprit et la forme de l'épigramme; il fallait à la
vérité, pour qu'il agît ainsi, qu'une mauvaise
action eût révolté son ame noble et pure, et l'on
peut dire que s'il montrait peu de pitié pour
tout ce qui était mal, il s'exaltait vivement
pour tout ce qui était bien. Personne ne servait
aussi chaudement ceux qui possédaient son
estime; si l'on attaquait ses amis, il les défendait
avec tant d'énergie que les gens froids l'accusaient d'exagération. — « Vous devez me juger
ainsi, répondit-il une fois à un égoïste de notre
connaissance; car je prends à tout ce qui est
bon, et vous ne prenez à rien. »

La société qu'il recherchait de préférence
était celle des artistes et des gens de lettres les
plus distingués; il y comptait des amis, qu'il a
toujours conservés, même parmi ceux dont
les opinions politiques n'étaient point les
siennes.

Il aimait tous les arts avec passion, et ses connaissances en peinture étaient très remarquables. Comme sa fortune lui permettait de satisfaire des goûts fort dispendieux, il avait une galerie de tableaux des plus grands maîtres de diverses écoles (1); son salon était enrichi de meubles précieux et d'ornemens du meilleur goût. Il donnait fréquemment des fêtes magnifiques et qui tenaient de la féerie, au point qu'on l'appelait l'enchanteur; mais sa plus grande jouissance pourtant était de soulager les malheureux; aussi, combien a-t-il fait d'ingrats!

La seule contradiction que l'on pût remarquer dans cet esprit si sain et si droit, c'est que M. de Vaudreuil se plaignait très souvent de vivre à la cour, quand il était clair pour tous ses amis qu'il n'aurait pu vivre ailleurs. En y réfléchissant néanmoins, je me suis expliqué cette bizarrerie. La belle trempe de son ame faisait de lui un enfant de la nature, qu'il aimait,

(1) La plus grande partie de ces tableaux sont maintenant au Musée.   (*Note de l'Auteur.*)

et dont il jouissait trop peu ; son rang l'éloi-
gnait trop souvent d'un monde dans lequel la
solidité de son esprit, son goût pour les arts
l'entraînaient sans cesse ; puis d'un autre côté
il lui plaisait sans doute d'occuper à la cour
une place si distinguée, qu'il devait à son me-
rite personnel, à son caractère franc et loyal.
D'ailleurs il adorait son prince, monseigneur le
comte d'Artois, qu'il n'a jamais flatté et qu'il
n'a jamais quitté dans ses malheurs. Il est rare
qu'une pareille amitié s'établisse entre deux
hommes dont l'un est né si près d'un trône ;
car cette amitié était réciproque. En 1814 il
arriva que M. de Vaudreuil eut une discussion
avec monseigneur le comte d'Artois, et à ce
sujet il lui écrivit une longue lettre dans laquelle
il lui disait qu'il lui semblait cruel d'être ainsi
en contradiction après trente ans d'amitié. Le
prince lui répondit en deux lignes : « Tais-toi,
vieux fou, tu as perdu la mémoire, car il y a
quarante ans que je suis ton meilleur ami. »

Pendant l'émigration, et dans un âge avancé,
il se maria en Angleterre avec une de ses cou-

sines, très jeune et très jolie; il en eut deux
fils, et fut aussi bon mari que bon père. De
longs malheurs, la perte entière de sa fortune
que la restauration ne lui a point fait recou-
vrer, ne sont jamais parvenus à l'abattre; il a
conservé le même cœur et le même esprit jusqu'à son dernier moment.

A la restauration, il avait été nommé gouverneur du Louvre, aussi peut-on remarquer
qu'il a terminé ses jours près de l'enceinte où
sont renfermés les chefs-d'œuvre que pendant
sa vie il avait tant admirés. Son ame tendre
éprouvant le besoin d'élever ses affections plus
haut que cette terre, il était devenu très pieux,
mais sans aucune bigoterie. Ces sentimens ont
adouci sa fin, et il est mort, entouré de ses
amis, dans les bras de son prince chéri, qui ne
l'a point quitté.

Les vers suivans, adressés à M. de Vaudreuil
par le poète Lebrun, justifient tout ce que je
viens de dire.

A M. LE COMTE DE VAUDREUIL.

Une grâce, une muse, en effet m'a remis

Les jolis vers dictés par le Dieu du Parnasse
        Au plus céleste des amis,
A Mécène — Vaudreuil, qui chante comme Horace.
Eh quoi! l'ennui des cours n'a donc rien qui vous glace?
Quoi! votre luth brillant n'est jamais détendu?
Vous puisez dans votre ame un art divin de plaire,
Et vous joignez toujours le bien-dire au bien-faire.
Horace avec plaisir chez vous s'était perdu;
Vous en avez si bien l'esprit et le langage,
        Que par un charmant badinage
        Vous me l'avez deux fois rendu.

LA COMTESSE DE SABRAN,

DEPUIS, MARQUISE DE BOUFFLERS.

J'avais fait connaissance avec elle quelques années avant la révolution. Elle était alors fort jolie, ses yeux bleus exprimaient sa finesse et sa bonté. Elle aimait les arts et les lettres, faisait de très jolis vers, racontait à merveille, et tout cela sans montrer la moindre prétention à quoi que ce soit. Son esprit naïf et gai avait une simplicité toute gracieuse qui la faisait aimer et rechercher généralement, sans qu'elle se prévalût en rien de ses nombreux succès dans le monde. Quant aux qualités de son cœur, il suffira de dire qu'une tendresse extrême pour son fils n'empêchait point qu'elle n'eût beaucoup d'amis, auxquels elle est toujours restée fidèle et dévouée.

Madame de Sabran était une des femmes que je voyais le plus souvent, que j'allais chercher et que je recevais chez moi avec le plus de plaisir. Près d'elle, on n'a jamais connu l'ennui; aussi fus-je charmée dans l'émigration de la retrouver en Prusse. Elle était alors établie à Rainsberg, chez le prince Henri, de même que le chevalier de Boufflers, qu'elle a depuis épousé. Rentrée en France et dans les derniers temps de sa vie, elle devint aveugle. Son fils alors ne la quitta plus; son bras, pour ainsi dire était attaché au bras de sa mère, et vraiment on pouvait envier le sort de M. de Sabran; car, malgré ses souffrances et son âge, madame de Boufflers toujours bonne, toujours aimable, conservait ce charme qui plaît et qui attire tout

le monde. Je me rappelle que sur la fin de sa vie,
Forlense, fameux oculiste, venant de lui faire
l'opération de la cataracte, elle était obligée de
se tenir dans la plus grande obscurité. Un soir,
j'allais la voir, je la trouve seule, sans lumière,
je croyais n'y rester qu'un moment ; mais le
charme toujours renaissant de cette conversation si piquante, si pleine d'anecdotes que
personne ne savait conter ainsi, me retint
plus de trois heures auprès d'elle. Je pensais en
l'écoutant, que ne voyant rien, ne recevant
aucune distraction des objets extérieurs, elle
lisait en elle-même, si je puis m'exprimer ainsi,
et cette sorte de lanterne magique de choses
et d'idées, qu'elle me retraçait avec tant de
grâce, me retenait là. Je ne la quittai qu'à regret, car jamais je ne l'avais trouvée plus aimable.

Madame de Boufflers n'a laissé que deux enfans, son fils, M. le comte de Sabran, bien
connu aussi non-seulement par son esprit plein
de finesse, mais encore par des fables charmantes
qu'il récite dans la perfection, et madame de

Custine, que j'ai connue dans sa jeunesse et qui ressemblait alors au printemps. Elle était passionnée pour la peinture, et copiait parfaitement les grands maîtres, dont elle imitait le coloris et la vigueur, au point, qu'en entrant un jour dans son cabinet, je pris sa copie pour l'original. Elle ne cacha point tout le plaisir que lui causait mon erreur; car elle était aussi naturelle qu'elle était aimable et belle.

LEBRUN LE POÈTE.

Je ne crois pas avoir eu pour aucun auteur vivant autant d'admiration que j'en avais pour Lebrun, qui s'était lui-même surnommé *Pindare*. Le caractère grandiose de ses poésies excitait tellement mon enthousiasme que j'avais pris pour le poète une véritable amitié. Tout prodigieux qu'était l'orgueil de cet homme, je le trouvais si naturel qu'il ne me venait point en tête que le ridicule dût jamais s'y attacher. Ainsi, le jour où Lebrun termina son ode *exegi monumentum* et qu'il nous la fit entendre, il put arriver à ces vers :

Comme un cèdre aux vastes ombrages,

Mon nom, croissant avec les âges,

Règne sur la postérité.

Siècles, vous êtes ma conquête;

Et la palme qui ceint ma tête

Rayonne d'immortalité.

sans que personne de nous y trouvât rien à dire, sinon : c'est superbe! c'est vrai!

Lebrun venait très souvent chez moi; je n'arrangeais pas la plus petite réunion que je ne l'invitasse un des premiers, et mon admiration pour son talent me le faisait aimer au point, que je ne pouvais souffrir que l'on dît du mal de lui. Un jour, j'avais quelques personnes à dîner; j'entendis attaquer sa moralité de la façon la plus grave. On disait, entre autres choses, qu'il avait vendu sa femme au prince de Conti. On sent bien que je n'en voulus rien croire; j'étais furieuse : — Ne m'a-t-on pas aussi calomniée? disais-je dans ma colère.

Voyez toutes les absurdités que l'on débite sur moi au sujet de M. de Calonne? Ce que vous dites n'est pas plus vrai, j'en suis certaine. Enfin voyant que je ne parvenais pas à dissuader les accusateurs, je pris le parti de quitter la table pour aller pleurer dans ma chambre à coucher. Doyen arrive, il me trouve en larmes. — Eh qu'avez-vous donc, mon enfant? dit-il. — Je n'ai pu tenir avec ces messieurs, répondis-je, ils calomnient Lebrun d'une manière horrible. Et je lui racontai ce qui s'était dit. Doyen sourit. — Je ne prétends pas, reprit-il, que tout ceci soit vrai; mais vous êtes trop jeune, ma chère amie, pour savoir que la plupart des beaux esprits ont tout à la maison de campagne, et rien à la maison de ville, autrement dit, tout dans la tête et rien dans le cœur. Plus tard, je me suis rappelé bien des fois ce mot de Doyen.

Lorsque j'ai connu Lebrun, il était fort pauvre, et toujours vêtu comme un misérable. M. de Vaudreuil, qui n'avait pas tardé à s'enflammer avec raison pour son beau talent, lui

envoya, sans se faire connaître, un grand cof-
fre, rempli de linge et d'habits. Je ne sais si le
poète est parvenu à deviner l'auteur de ce
don anonyme; mais la révolution venue, il est
de fait qu'il n'a jamais vociféré contre M. de
Vaudreuil autant qu'il vociférait contre beaucoup d'autres. A la vérité, M. de Vaudreuil ne
négligeait aucune occasion de le faire connaître et de répandre sa réputation. Lebrun n'a-
vait encore rien imprimé, que le comte, ravi
de l'ode sur *les Courtisans*, parla de cette ode à
la reine, qui lui marqua quelque désir de la
connaître. M. de Vaudreuil s'empressa de l'apporter et de la lire à Sa Majesté. Quand il eut
fini : « Savez-vous, lui dit la reine, qu'il nous ôte
notre enveloppe? »

M. de Vaudreuil me rapporta cette réflexion
si juste : elle me frappa beaucoup plus qu'elle
ne l'avait frappé lui-même; car il ne voulait
voir dans tout cela que de la philosophie poé-
tisée, tandis que Lebrun et ses pareils prê-
chaient pour l'avenir. La preuve en est que,
pendant la révolution, ce Pindare devint atroce.

Ses strophes sur la mort du roi et de la reine sont infernales. Pour la honte de sa mémoire, je voudrais qu'elles fussent imprimées en face du quatrain composé par lui, le jour où le roi lui fit une pension, et qui finit ainsi :

Larmes que n'avait pu m'arracher le malheur,
Coulez pour la reconnaissance.

Bien loin de là, l'aimable et bon M. Desprès a supprimé, dans le nouveau recueil des poésies de Lebrun, toutes les horreurs, espérant sans doute les faire oublier à jamais. Pour moi, j'aime mieux que justice soit faite, et cela quel que soit le talent de l'homme.

A ma rentrée en France, Lebrun vivait encore; mais ni lui ni moi n'avons jamais désiré nous revoir.

———

CHAMPFORT.

De tous les gens de lettres qui venaient chez moi, il en était un que j'ai toujours détesté, comme par inspiration de l'avenir : c'était Champfort. Je le recevais pourtant très souvent, par complaisance pour quelques-uns de mes amis, notamment pour M. de Vaudreuil dont il avait gagné le cœur, d'autant plus qu'il était malheureux. Sa conversation était fort spirituelle, mais âcre, pleine de fiel et sans aucun charme pour moi, à qui, du reste, son cynisme et sa saleté déplaisaient souverainement.

Son véritable nom était Nicolas ; il le changea sur le conseil de M. de Vaudreuil, qui désirait le pousser dans le monde, et même à la cour s'il était possible. M. de Vaudreuil l'avait parfaitement logé chez lui, et vivant presque toujours à Versailles, en son absence, il faisait servir une table pour Champfort et ceux qu'il plaisait à Champfort d'inviter. Enfin, il traitait cet homme comme un frère ; et cet homme, quand ses amis les révolutionnaires lui reprochaient plus tard d'avoir vécu dans la maison d'un *ci-devant noble*, répondait lâchement : « Que voulez-vous ? j'étais Platon à la cour du « tyran Denis. » Je vous demande quel tyran c'était que M. de Vaudreuil! mais aussi quel Platon était-ce que Champfort!

Des liaisons intimes avec Mirabeau, et par-dessus tout, l'envie des grands, qui, de tout temps, avait rongé son ame, n'avait pas tardé à faire de Champfort un partisan énergumène de la révolution. Oubliant, ou plutôt se rappelant, qu'il avait été secrétaire des commandemens de M. le prince de Condé et de madame Elisabeth, qui tous deux l'avaient comblé de bienfaits, on sait qu'il se montra un des plus ardens ennemis du trône et de la noblesse. En dépit du proverbe, qui prétend que les loups ne se mangent point entre eux, Champfort fut mis en prison par les hommes qu'avaient si bien servis sa voix et sa plume; et comme on venait l'arrêter une seconde fois, après qu'il en fut sorti, il se coupa la gorge avec son rasoir.

LA MARQUISE DE GROLLIER.

Madame de Grollier, quoiqu'elle recherchât peu le monde, était connue de toute la haute société, dont elle faisait le charme et l'ornement par son esprit supérieur. L'éducation qu'elle avait reçue était fort au-dessus de celle que reçoivent habituellement les femmes : elle savait le grec, le latin, et connaissait parfaitement les maîtres classiques; mais dans un salon, elle ne montrait jamais que son esprit et cachait son savoir. Une personne médiocre peut se prévaloir avec orgueil de quelque légère instruction; madame de Grollier, toujours simple, toujours naturelle, n'annonçait aucune prétention et n'avait aucune pédanterie.

Dans les premiers temps de mon mariage, j'allais fort rarement dans le monde, je préférais aux nombreuses réunions les très petits comités de la marquise de Grollier; il m'arrivait même souvent, ce que j'aimais beaucoup mieux, de passer ma soirée entière seule avec elle. Sa conversation, toujours animée, était riche d'idées, pleine de traits, et pourtant on ne pourrait citer parmi tant de bons mots qui lui échappaient sans cesse, un seul mot qui fût entaché de médisance; ceci est d'autant plus remarquable, que cette femme si supérieure devait à son tact, à l'extrême finesse de son esprit, une parfaite connaissance des hommes, et qu'elle était un peu misanthrope; plus d'une fois ses discours m'en fournissaient la preuve; par exemple, elle avait un chien qui, lorsqu'elle fut devenue sourde et aveugle, faisait le bonheur de tous ses instans; j'en avais un aussi que j'aimais beaucoup. Un jour que nous nous entretenions ensemble de l'attachement et de la fidélité de nos deux petites bêtes : — Je voudrais, dis-je, que les chiens pussent parler, ils nous diraient de si jolies choses! — S'ils parlaient, ma chère, répondit-elle, ils entendraient, et seraient bientôt corrompus.

Madame de Grollier peignait les fleurs avec une grande supériorité. Bien loin que son talent fût ce qu'on appelle un talent d'amateur,

beaucoup de ses tableaux pourraient être placés à côté de ceux de Wanspeudev, dont elle
était l'élève; elle parlait peinture à merveille,
comme elle parlait de tout, au reste, car je ne
suis jamais sortie du salon de madame de Grollier, sans avoir appris quelque chose d'intéressant ou d'instructif ; aussi je ne la quittais qu'a-
vec regret, et j'avais tellement l'habitude d'aller chez elle, que mon cocher m'y menait sans
que je lui dise rien, ce qu'elle m'a bien souvent rappelé d'un air tout aimable.

Comme il faut des ombres aux tableaux,
quelques personnes ont reproché à madame
de Grollier de l'exagération dans ses sentimens
et dans ses opinions. Il est bien certain
que sur toute espèce de choses, elle avait un
peu d'exaltation dans l'esprit; mais il en résultait tant de générosité de cœur, tant de noblesse d'ame, qu'elle a dû à cette façon d'être
des amis véritables et dévoués, qui lui sont
restés fidèles jusqu'à son dernier jour. Personne,
d'ailleurs, n'avait autant que madame de Grollier, ce charme dans les manières, ce ton par-

fait, que l'on ne connaît plus aujourd'hui et
qui semble avoir fini avec elle; car hélas! elle
a fini, et cette pensée est une des bien tristes
pensées de ma vie; elle a fini, jouissant encore
des hautes facultés de son esprit. J'ai su que
peu d'instans avant d'expirer, elle se souleva
sur son séant, et les yeux levés au ciel, ses
cheveux blancs épars, elle adressa à Dieu une
prière qui fit fondre en larmes et saisit d'admiration tous ceux qui l'écoutaient. Elle pria
pour elle, pour son pays, pour cette restauration qu'elle croyait devoir assurer le bonheur
des Français. Elle parla long-temps comme
Homère, comme Bossuet, et rendit le dernier
soupir.

MADAME DE GENLIS.

J'ai connu madame de Genlis avant la révolution. Elle vint me voir, me présenta aux jeunes
princes d'Orléans, dont elle faisait l'éducation,
puis, peu de temps après, elle m'amena Paméla,

qui me parut aussi jolie qu'on peut l'être. Madame de Genlis était coquette pour cette jeune
personne, dont elle cherchait à faire valoir les
charmes. Je me rappelle qu'elle lui faisait
prendre différentes attitudes, lever les yeux
au ciel, donner à son beau visage diverses expressions, et quoique tout cela fût fort agréable
à voir, il me parut qu'une aussi profonde
étude de coquetterie pourrait profiter beaucoup trop à l'écolière.

La conversation de madame de Genlis m'a
toujours semblé préférable à ses ouvrages,
quoiqu'elle en ait fait de charmans, notamment *Mademoiselle de Clermont*, que je regarde comme son chef-d'œuvre. Mais lorsqu'elle
causait, son langage avait un certain abandon,
et sur plusieurs points une certaine franchise, qui manquent à ses écrits. Elle racontait
d'une manière ravissante, et pouvait raconter
beaucoup; car nul, je crois, n'avait vu, soit à
la cour, soit à la ville, plus de personnes et plus
de choses qu'elle n'en avait vues. Ses moindres
discours avaient un charme dont il est difficile

de donner l'idée. Ses expressions avaient tant de grace, le choix de tous ses mots était de si bon goût, qu'on aurait voulu pouvoir écrire ce qu'elle disait. Au retour de mes voyages, elle vint un matin chez moi, et comme elle m'avait annoncé sa visite, j'en avertis plusieurs personnes de ma connaissance, dont quelques-unes n'aimaient point madame de Genlis. A peine eut-elle causé, pendant une demi-heure, qu'amis, ennemis, tout était ravi, et comme enchanté par cette conversation si brillante.

Madame de Genlis n'a jamais dû être précisément jolie ; elle était assez grande et très bien faite ; elle avait beaucoup de physionomie, le regard et le sourire très fin. Je pense que sa figure aurait pris difficilement l'expression de la bonté ; mais elle prenait toute autre expression avec une mobilité prodigieuse.

MADAME DE VERDUN.

Sans être célèbre comme la femme dont je

viens de parler, madame de Verdun peut être
citée pour son esprit si fin et si naturel à la fois.
La bonté, la gaieté de son caractère la faisaient
rechercher généralement, et je puis regarder
comme un bonheur de ma vie, qu'elle ait été
ma première et qu'elle soit encore ma meilleure amie. Son mari était fermier-général:
c'était un homme froid en apparence, mais
plein d'esprit et de bonté, et qui ne pouvait
voir des malheureux sans se presser de les secourir. Il était propriétaire du château de Colombes, près Paris. Ce château avait ancienne-
ment été habité par la reine Henriette d'Angleterre; les murs des salons et des galeries étaient
presque tous peints par Simon Vouet; mais
l'humidité avait terni ces peintures remarquables, et M. de Verdun, très amateur et con-
naisseur, ayant entrepris de les faire réparer, y
réussit parfaitement.

Je suis allée fort souvent habiter ce château
plusieurs jours de suite. M. et madame de
Verdun y réunissaient la société la plus aimable,
composée d'artistes, de gens de lettres et

d'hommes spirituels. Carmontel, ami intime des maîtres de la maison, nous était d'une ressource extrême; il nous faisait jouer ses Proverbes. D'ailleurs la conversation habituelle ne permettait pas que l'ennui nous gagnât, tant elle était vive et animée. Il serait inutile aujourd'hui de chercher à retrouver les jouissances qui provenaient alors du charme de la conversation. L'abbé Delille m'écrivait à Rome: « La politique a tout perdu; on ne cause plus à Paris. » A mon retour en France, en effet, je ne me suis que trop assurée de cette vérité. Entrez dans quelque salon que ce soit, vous trouverez les femmes bâillant en cercle, et les hommes, dans un coin du salon, se disputant sur telle et telle loi; mais nous avons vu finir, comme tant d'autres choses, ce qu'on appelait la conversation, c'est-à-dire un des plus grands charmes de la société française.

Là révolution vint mettre fin à tous les plaisirs de Colombes. Comme on savait M. de Verdun fort riche, on ne tarda pas à le mettre en prison, et l'on peut juger du désespoir de sa femme qui l'adorait. Il faut dire à l'honneur de l'humanité, qu'aussitôt que la nouvelle de sa détention fut arrivée à Colombes, les paysans s'assemblèrent et vinrent tous à Paris réclamer en pleurant leur bienfaiteur. Cette démarche empêcha les autorités d'oser le mettre à mort; néanmoins il restait toujours prisonnier, quand ces braves gens revinrent une seconde fois, et renouvelèrent leur demande avec tant d'instance, qu'ils obtinrent enfin sa liberté. Madame de Verdun, en apprenant cette nouvelle, éprouva une si grande joie, qu'elle en perdit la tête, au point qu'elle envoya chercher deux fiacres pour aller prendre son mari dans la prison, pensant arriver plus vite ainsi.

ROBERT.

Robert, peintre en paysage, excellait surtout à représenter des ruines; ses tableaux dans ce genre, peuvent être placés à côté de ceux de Jean-Paul Pannini. Il était de mode, et très magnifique, de faire peindre son salon par Robert ; aussi le nombre des tableaux qu'il a laissés est-il vraiment prodigieux. Il s'en faut bien, à la vérité, que tous soient de la même beauté ; Robert avait cette extrême facilité qu'on peut appeler heureuse, qu'on peut appeler fatale : il peignait un tableau aussi vite qu'il écrivait une lettre ; mais quand il voulait captiver cette facilité, ses ouvrages étaient souvent parfaits. On en connaît de lui qui font très bien pendant à ceux de Vernet.

De tous les artistes que j'ai connus, Robert était le plus répandu dans le monde, que du reste il aimait beaucoup. Amateur de tous les plaisirs, sans en excepter celui de la table, il était recherché généralement, et je ne crois pas qu'il dînât chez lui trois fois dans l'année. Spectacles, bals, repas, concerts, parties de campagne, rien n'était refusé par lui ; car tout le temps qu'il n'employait point au travail, il le passait à s'amuser.

Il avait de l'esprit naturel, beaucoup d'instruction, sans aucune pédanterie, et l'intarissable gaieté de son caractère le rendait l'homme le plus aimable qu'on pût voir en société. De tout temps Robert avait été renommé pour son adresse à tous les exercices du corps, et dans un âge fort avancé il conservait encore les goûts de sa jeunesse. A soixante ans passés, quoiqu'il fût devenu fort gros, il était resté si leste qu'il courait mieux que personne dans une partie de barres, jouait à la paume, au ballon et nous réjouisait par des tours d'écolier qui nous faisaient rire aux larmes. Un jour, par exemple, à Colombes, il traça sur le parquet du salon une longue raie avec du blanc d'Espagne; puis, costumé en saltimbanque, un balancier dans les mains, il se mit à marcher gravement, à courir sur cette ligne, imitant si bien les attitudes et les gestes d'un homme qui danse sur la corde, que l'illusion était parfaite, et qu'on n'a rien vu d'aussi drôle.

Etant élève à l'académie de Rome, Robert avait au plus vingt ans, lorsqu'il paria six cahiers de papier gris avec ses camarades, qu'il monterait tout seul au plus haut du Colysée.

L'étourdi, bien qu'en risquant mille fois sa vie, parvint en effet jusqu'au faîte; mais lorsqu'il lui fallut descendre, n'ayant plus les saillies de pierres qui l'avaient aidé à monter, on fut obligé de lui jeter par une des fenêtres une corde qu'il saisit, à laquelle il s'attacha, et, lancé dans l'espace, il eut le bonheur qu'on réussit à le faire rentrer dans l'intérieur du monument. Le seul récit de ce tour de force fait dresser les cheveux. Robert est le seul homme qui ait jamais osé le tenter, et cela pour six cahiers de papier gris!

C'est encore Robert qui s'est perdu à Rome dans les catacombes, et que l'abbé Delille a chanté dans son poëme de *l'Imagination*. Madame de Grollier, qui, comme nous, connaissait par Robert l'aventure des catacombes, après avoir entendu les vers de l'abbé Delille, disait: — « L'abbé Delille m'a fait plus de plaisir, mais Robert plus de peur. »

Le bonheur dont fut accompagnée toute la vie de Robert semble avoir présidé aussi à sa mort. Le bon, le joyeux artiste n'a point prévu

sa fin, n'a point enduré les angoisses de l'ago-
nie ; il était fort bien portant, et tout habillé
pour aller dîner en ville ; madame Robert,
qui venait elle-même de terminer sa toilette,
passa dans l'atelier de son mari pour l'avertir
qu'elle était prête, et le trouva mort, frappé
d'un coup d'apoplexie foudroyante.

LA DUCHESSE DE POLIGNAC.

Il n'est point de calomnie, point d'horreurs
que l'envie et la haine n'aient inventées contre
la duchesse de Polignac; tant de libelles ont
été écrits pour la perdre, que, joints aux vocifé-
rations des révolutionnaires, ils ont dû laisser
dans l'esprit de quelques gens crédules, l'idée
que l'amie de Marie-Antoinette était un monstre.
Ce monstre, je l'ai connu : c'était la plus belle,
la plus douce, la plus aimable femme qu'on
pût voir.

Quelques années avant la révolution, la duchesse de Polignac vint chez moi, et j'ai

fait plusieurs fois son portrait de même que
celui de sa fille, la duchesse de Guiche (1). Madame de Polignac avait l'air si jeune qu'on
pouvait la croire sœur de sa fille, et toutes
deux étaient les plus jolies femmes de la cour.
Madame de Guiche aurait parfaitement servi
de modèle pour représenter une des Grâces;
quant à sa mère, je n'essaierai pas de dépeindre
sa figure; cette figure était céleste.

La duchesse de Polignac joignait à sa beauté
vraiment ravissante, une douceur d'ange, l'esprit à la fois le plus attrayant et le plus
solide. Tous ceux qui l'ont connue intimement peuvent dire que l'on s'expliquait bien
vite comment la reine l'avait choisie pour amie,
car elle était véritablement *l'amie* de la reine;
elle dut à ce titre celui de gouvernante
des enfans de France: aussitôt, la rage de
toutes celles qui désiraient cette place ne
lui laissa plus de repos; mille calomnies atroces

(1) La plupart de ces portraits, notamment celui que j'ai
fait au pastel de la duchesse de Guiche, sont chez madame la
comtesse de Vaudreuil.

furent lancées sur elle. Il m'est arrivé souvent
d'entendre discourir les personnes de la cour
qui lui étaient opposées , et j'avoue que
je m'indignais d'une méchanceté si noire et si
persévérante.

Ce qu'aucun courtisan ne pouvait croire ,
quoique ce fût l'exacte vérité , c'est que madame
de Polignac n'avait point envié la place qu'elle
occupait : il se peut que sa famille se réjouit
de l'y voir élevée ; mais elle-même n'avait cédé
qu'à son respect pour le désir de la reine et
aux instances réitérées du roi ; ce qu'elle am-
bitionnait avant tout, c'était sa liberté, au
point que la vie de la cour ne lui convenait
nullement ; indolente , paresseuse , le repos
aurait fait ses délices , et les devoirs de sa place
lui semblaient le plus lourd fardeau. Un jour que
je faisais son profil à Versailles, il ne se passait
pas cinq minutes sans que notre porte s'ou-
vrît ; on venait lui demander ses ordres, et
mille choses qu'il fallait pour les enfans. —
« Eh ! bien , me dit-elle enfin d'un air accablé,
tous les matins ce sont les mêmes demandes ,

je n'ai pas un instant à moi jusqu'à l'heure du dîner, et le soir d'autres fatigues m'attendent. »

Au château de la Muette, dans lequel elle passa la belle saison, elle jouisait d'un peu plus de liberté. Les enfans de France s'y plaisaient extrêmement, et elle y donnait de petits bals sans prétention où l'on s'amusait beaucoup. C'est là qu'elle est accouchée du comte Melchior de Polignac, en même temps que sa fille accouchait du duc de Guiche actuel.

Peu de temps avant la révolution, elle supplia le roi d'accepter sa démission qu'il ne voulut pas recevoir; toutefois, sa santé l'obligeant à se soigner, elle obtint d'aller prendre des bains renommés en Angleterre, et elle partit, dans la ferme intention de quitter sa place à son retour; mais j'ai su positivement que le roi, effrayé du chagrin qu'allait éprouver la reine, se mit à ses genoux pour obtenir qu'elle restât gouvernante des enfans de France. On sent bien qu'une faveur aussi éclatante, aussi soutenue, excitait la fureur des envieux.

Un redoublement de haine s'éleva contre la favorite; il servit merveilleusement la révolution qui s'avançait, et qui vint bientôt frapper et les Polignac et leurs ennemis.

LE PRINCE DE LIGNE

C'est à Bruxelles que j'ai fait connaissance avec le prince de Ligne; mais lorsqu'il vint en France, peu d'années avant la révolution, nous nous revîmes tous deux avec tant de plaisir, qu'il passait un grand nombre de ses soirées chez moi. Lorsque lui, l'abbé Delille, le marquis de Chastellux, le comte de Vaudreuil, le vicomte de Ségur, et quelques autres encore de ce temps-là, se trouvaient réunis autour de mon feu, il s'établissait une causerie si animée, si intéressante, que nous ne nous séparions jamais qu'avec peine.

Madame de Staël a dit du prince de Ligne : « Il est peut-être le seul étranger qui dans le genre français soit devenu modèle, au lieu

d'être imitateur ! » Et dans un autre endroit :
« Les hommes, les choses et les évènemens ont
passé devant le prince de Ligne ; il les a jugés
sans vouloir leur imposer le despotisme d'un
système, il sut mettre à tout du naturel ! » Ce
naturel, dont madame de Staël était si bon
juge, car elle en avait beaucoup elle-même,
était un des premiers charmes de l'esprit du
prince de Ligne. Cette brillante imagination,
ces aperçus si fins, si justes sur toutes choses,
ces bons mots, qui partaient sans cesse pour
courir aussitôt l'Europe, rien n'avait pu donner
au prince de Ligne la moindre prétention à se
faire écouter ; ses discours et ses manières con-
servaient tant de simplicité, qu'un sot aurait
pu le croire un homme ordinaire.

Le prince de Ligne était grand, il avait une
extrême noblesse dans le maintien, sans aucune
roideur, sans aucune afféterie ; tout le charme
de son esprit se peignait si bien sur sa figure,
que j'ai peu connu d'hommes dont le premier
aspect fût aussi séduisant, et la bonté de son
cœur ne tardait pas à vous attacher à lui

pour toujours; il était à la fois brave et savant militaire. Dans tous les pays de l'Europe, ses profondes connaissances sur l'art de la guerre ont été appréciées, et l'amour de la gloire l'a toujours dominé; en revanche, il poussait à l'excès son indifférence pour sa fortune; non-seulement son extrême générosité l'a de tout temps entraîné dans des dépenses énormes, sans qu'il consentît jamais à compter; mais quand je le retrouvai à Vienne, en 1792, il entra un soir chez madame de Rombech, pour nous apprendre que les Français venaient de s'emparer de tous les biens qu'il possédait en Flandre (en Belgique), et il nous parut très peu affecté de cette nouvelle: « Je n'ai plus que deux louis, ajouta-t-il d'un air dégagé: qui donc paiera mes dettes? »

Une perte bien autrement douloureuse pour lui, la seule qui l'ait profondément affligé, a été celle de son fils Charles; ce jeune homme, plein de valeur, est mort glorieusement au combat de Boux, en Champagne; le coup qui le frappa, frappa de même le prince de

Ligne, qui en perdit à jamais sa gaieté et tout le plaisir qu'il prenait à vivre.

Tout le monde connaît les Mémoires et les Lettres du prince de Ligne, dont le style, ce *style parlé*, comme dit madame de Staël, offre un charme tout particulier. Parmi les lettres, celles que je préfère sont celles qu'il adressait à la marquise de Coigny pendant son voyage en Crimée avec l'impératrice Catherine, voyage dont il nous a fait si souvent des récits ; elles le font revivre pour moi, surtout celle qu'il écrivit de *Parthenizza* : cette lettre est remplie d'idées à la fois si spirituelles et si philoso- phiques, elle peint si bien l'esprit et l'ame du prince de Ligne, qu'elle me fait l'effet d'un prisme moral. J'ai relu cette lettre dix fois, et j'espère bien la relire encore.

LA COMTESSE D'HOUTETOT.

J'ai connu la comtesse d'Houtetot long-temps avant la révolution ; elle s'entourait alors de tout ce qu'il y avait à Paris d'hommes d'esprit et d'artistes célèbres. Comme j'avais un grand désir de la voir, madame de Verdun, mon amie, qui la connaissait intimement, me conduisit à Sannois, où madame d'Houtetot avait une maison, et me fit inviter à passer la journée. Je savais qu'elle n'était point jolie, mais d'après la passion qu'elle avait inspirée à J.-J. Rousseau, je pensai au moins lui trouver un visage agréable; je fus donc bien désappointée en la voyant si laide, qu'aussitôt son roman s'effaça de mon imagination; elle louchait d'une telle manière, qu'il était impossible lorsqu'elle vous parlait de deviner si c'était à vous que s'adressaient ses paroles; à dîner, je croyais toujours qu'elle offrait à une autre personne ce qu'elle m'offrait, tant son regard était équivoque; il faut dire toutefois que son aimable esprit pouvait faire oublier sa laideur. Madame d'Houtetot était bonne, indulgente, chérie avec raison de tous ceux qui la connaissaient, et comme je l'ai toujours trouvée

digne d'inspirer les sentimens les plus tendres,
j'ai fini par croire après tout, qu'elle a pu
inspirer l'amour.

LE MARÉCHAL DE BIRON, LE MARÉCHAL DE BRISSAC.

La figure, la taille, la contenance de ces
deux vieux soutiens de la monarchie française,
sont si bien restées dans ma mémoire, qu'aujourd'hui je pourrais les peindre tous deux de
souvenir.

Ayant entendu parler du superbe jardin de
l'hôtel de Biron, que l'on disait rempli des
fleurs les plus rares, je fis demander au maréchal la permission de m'y promener: il me
l'accorda, et je me rendis un matin chez lui
avec mon frère. Malgré son grand âge (il avait,
je crois, quatre-vingt-quatre ans) et ses infirmités, le maréchal de Biron, marchant avec
peine, vint au-devant de moi: il descendit son

large perron pour me donner la main quand
je sortis de ma voiture, puis s'excusa beaucoup
de ne pouvoir me faire les honneurs de son
jardin. Ma promenade finie, je revins au salon,
où le maréchal me retint longtemps; il causait
avec grace et facilité, parlant du temps passé
de manière à m'intéresser beaucoup. Quand je
retournai à ma voiture, il voulut absolument
me donner la main jusqu'au bas de son perron,
et le corps droit, la tête nue, il attendit pour
rentrer dans la maison qu'il m'eût vue partir;
cette galanterie dans un homme plus qu'octo-
génaire me parut charmante.

Le maréchal de Biron est mort en 1788 (1); il
n'eut pas la douleur d'être témoin de la défec-
tion des gardes françaises : il avait établi dans
ce corps une discipline extrêmement sévère,
que le duc du Châtelet, qui lui succéda,
venait de relâcher beaucoup trop quand la
révolution arriva.

Pour le maréchal de Brissac, je ne l'ai vu

(1) Il n'est mort qu'à quatre-vingt-six ans.
(*Note de l'Editeur.*)

qu'aux Tuileries, où il se promenait trés souvent : il paraissait bien âgé, mais il se tenait fort droit, et marchait encore comme un jeune homme; son costume le faisait remarquer ; car il portait toujours ses cheveux nattés, qui formaient deux queues tombant derrière la tête, l'habit long, très ample, avec une ceinture au bas de la taille, et des bas à coins brodés en or roulés sur ses genoux; une toilette aussi antique ne lui donnait rien de grotesque, il avait l'air extrêmement noble, et l'on croyait voir un courtisan sortant des salons de Louis XIV.

MONSIEUR DE TALLEYRAND.

Champfort m'amena un matin M. de Talleyrand, alors l'abbé de Périgord; son visage était gracieux, ses joues très rondes, et, quoiqu'il fut boîteux, il n'en était pas moins fort élégant et cité comme un homme à bonnes fortunes; il ne me dit que quelques mots sur mes tableaux; j'eus des raisons de croire alors

qu'il voulait savoir si j'avais autant de luxe et
de magnificence qu'on le disait, et que Champfort l'amenait pour le convaincre du contraire.
Ma chambre à coucher, la seule pièce où je
pusse recevoir, était meublée avec une simplicité extrême, et M. de Talleyrand peut se le
rappeler aujourd'hui aussi bien que beaucoup
d'autres personnes.

Jamais, je crois, M. de Talleyrand n'est revenu chez moi; mais je l'ai revu quelque
temps à Gennevilliers, où il est venu dîner
chez le comte de Vaudreuil, et plus tard aussi,
quand je suis rentrée en France; alors il était
marié avec madame Grant, très jolie femme
dont j'avais fait le portrait avant la révolution;
c'est d'elle qu'on raconte une aventure assez
plaisante : M. de Talleyrand, donnant à dîner à
Denon, qui venait d'accompagner Bonaparte en
Égypte, engagea sa femme à lire quelques pages
de l'histoire du célèbre voyageur auquel il désirait qu'elle pût adresser un mot aimable; il
ajouta qu'elle trouverait le volume sur son
bureau; madame de Talleyrand obéit, mais

elle se trompe, et lit une assez grande partie
des aventures de Robinson-Crusoé; à table,
la voilà qui prend l'air le plus gracieux et dit
à Denon: « Ah! monsieur, avec quel plaisir je
viens de lire votre voyage! qu'il est intéressant,
surtout quand vous rencontrez ce pauvre
Vendredi! » Dieu sait à ces mots quelle figure,
a dû faire Denon, et surtout M. de Talleyrand?
Ce petit fait a couru l'Europe, et peut-être n'est-
il pas vrai; mais ce qui l'est incontestablement,
c'est que madame de Talleyrand avait fort peu
d'esprit; sous ce rapport, à la vérité, son mari
pouvait payer pour deux.

LE DOCTEUR FRANKLIN.

Je vis pour la première fois le docteur
Franklin lorsque je faisais le portrait de Monsieur, depuis Louis XVIII; il venait avec les
autres ambassadeurs faire sa visite de cour; je
fus frappée de son extrême simplicité: il était
vêtu d'un habit gris tout uni, ses cheveux

plats, sans poudre, tombaient sur ses épaules,
et si ce n'eût été son noble visage, je l'aurais
pris pour un gros fermier, tant il faisait contraste avec les autres diplomates, qui tous
étaient poudrés, en grande tenue, et chamarrés
d'or et de cordons.

Nul homme à Paris n'était plus à la mode,
plus recherché que le docteur Franklin; la
foule courait après lui dans les promenades et
les lieux publics; les chapeaux, les cannes,
les tabatières, tout était *à la Franklin*, et l'on
regardait comme une bonne fortune d'être
invité à un dîner où se trouvait ce célèbre personnage. Je puis dire toutefois qu'il ne suffisait
pas de se rencontrer avec lui, fût-ce même
très fréquemment, pour satisfaire la curiosité
qu'il excitait; je l'ai beaucoup vu chez madame Brion, qui habitait constamment Passy;
Franklin passait là toutes ses soirées; madame
Brion et ses deux filles faisaient de la musique,
qu'il semblait écouter avec plaisir, mais dans
les intervalles des morceaux, je ne lui ai jamais

entendu dire un seul mot, et j'étais tentée de croire que le docteur était voué au silence.

———

LE PRINCE DE NASSAU.

Je n'étais pas encore mariée quand le prince de Nassau, qui était jeune alors, me fut présenté par l'abbé Giroux : il me demanda son portrait, que je fis en pied, d'une très petite dimension et à l'huile. Le prince de Nassau, surnommé l'invulnérable par le prince de Ligne, était déjà connu par des actions d'éclat tellement héroïques, qu'on pourrait les croire fabuleuses; sa vie entière offre une suite d'aventures, toutes plus surprenantes les unes que les autres : il avait à peu près vingt ans lorsqu'il suivit Bougainville dans le voyage autour du monde, et s'enfonça dans les déserts, où l'intrépidité qu'il déploya lui valut le surnom de *dompteur de monstres*; depuis, vainqueur sur mer, vainqueur sur terre, il s'est, je crois, battu contre toutes les nations du globe; toujours guerroyant, toujours en activité, il a couru le monde d'une extrémité à l'autre; aussi disait-on qu'il fallait lui adresser ses lettres sur les grands chemins.

Rien dans la figure et dans tout l'aspect du prince de Nassau n'annonçait le héros d'une histoire aventureuse : il était grand, bien fait, avait des traits réguliers avec une grande fraîcheur de carnation; mais l'extrême douceur et le calme habituel de sa physionomie ne laissaient présumer ni tant de hauts faits, ni cette valeur intrépide qui le signalait entre tous; à Vienne, où je l'ai retrouvé pendant l'émigration, j'avais mené ma fille, âgée de neuf ans alors, chez Casanova, qui dans plusieurs tableaux avait représenté le prince de Nassau terrassant des tigres, des lions, etc.; peu de temps après, nous nous trouvions un soir chez la princesse de Lorraine, on annonça le prince de Nassau; ma fille, qui s'attendait à contempler un homme féroce, me dit tout bas : — Comment! est-ce là celui dont j'ai tant entendu parler? il a l'air doux et timide comme une demoiselle qui sort du couvent.

MONSIEUR DE LA FAYETTE.

Peu avant la révolution, je reçus la visite de M. de La Fayette; il vint chez moi uniquement pour voir le portrait que je faisais alors de la jolie madame de Simiane, à laquelle, dit-on, il rendait des soins; depuis je ne l'ai pas même rencontré, et bien certainement nous aurions eu de la peine à nous reconnaître, car j'étais jeune lors de cette visite, et il l'était aussi, quoique ce fût après son voyage en Amérique. Sa figure me parut agréable; son ton, ses manières, avaient beaucoup de noblesse, et n'annonçaient pas le moins du monde des goûts révolutionnaires.

MADAME DE LA REYNIÈRE.

Après mon mariage, je suis allée souper chez

madame de La Reynière, et passer quelques soirées dans le bel hôtel que son mari avait fait
bâtir rue des Champs-Élisées, où se réunissait
la meilleure compagnie de Paris. Madame de
La Reynière était née Jarente. Sa famille, noble,
mais très pauvre, lui avait fait épouser M. de
La Reynière, un de nos plus riches financiers,
et tout en elle annonçait la contrariété qu'elle
éprouvait à porter un nom bourgeois. Elle
avait été belle, très grande et très maigre. Son
air noble et fier, était remarquable. Elle s'était
rendue la maîtresse souveraine de la maison,
dans laquelle elle recevait toujours avec la plus
grande dignité, afin qu'on ne perdît pas le souvenir de sa naissance. Comme on demandait
un jour à Doyen le peintre, qui venait de dîner chez elle, ce qu'il pensait de madame de La
Reynière : *Elle reçoit fort bien*, répondit-il,
mais je la crois attaquée de noblesse.

Son mari était un bon homme dans toute
l'étendue du terme, facile à vivre, ne disant
jamais de mal de personne; néanmoins on le
tournait en ridicule, ou plutôt on s'amusait de

lui pour la prétention qu'il avait de savoir peindre et de savoir chanter; ces deux prétendus talens occupaient toutes ses journées, l'un le matin et l'autre le soir; il avait une peur horrible du tonnerre, au point d'avoir fait arranger dans ses caves une chambre tapissée d'un double taffetas, dans laquelle je suis descendue par curiosité. Dès qu'un orage commençait, il se réfugiait sous cette voûte, où l'un de ses gens battait de toutes ses forces sur un gros tambour, tant que grondait la foudre; nulle puissance humaine n'aurait pu le faire sortir de là avant que le ciel n'eût repris sa sérénité. Comme il soutenait cependant qu'il n'avait point peur du tonnerre; qu'il ne se réfugiait dans cette cave que pour éviter la vive impression que l'orage faisait sur ses nerfs, on eut la malice d'enlever cette excuse au pauvre homme : un jour il était allé faire sa partie à la Muette chez la duchesse de Polignac, qui habitait ce château en été; on dressa la table de jeu près d'une fenêtre ouvrant sur le parc, au bas de laquelle le comte de Vaudreuil avait fait placer deux fusées. M. de La Reynière était à jouer tranquillement, car le temps était fort calme, quand tout à coup on mit le feu à l'artifice, dont il eut une telle frayeur, qu'en s'écriant : le tonnerre ! le tonnerre ! il se trouva presque mal. On parvint bientôt à le rassurer en lui expliquant la chose ; toutefois il n'en fut pas moins prouvé que le tonnerre n'agissait point sur ses nerfs, mais qu'il en avait peur.

La société de madame de La Reynière se composait des personnes les plus distinguées de la cour et de la ville ; elle attirait aussi chez elle les hommes célèbres dans les arts et dans la littérature. L'abbé Barthélemi, auteur d'*Anacharsis*, y passait sa vie ; le comte d'Adhémar, si spirituel et si aimable, y venait presque tous les soirs, ainsi que le comte de Vaudreuil, et le baron de Besenval, colonel-général des Suisses. Les grandes soirées de madame de La Reynière rassemblaient habituellement les plus charmantes femmes de la cour ; c'est là que j'ai fait connaissance avec la comtesse de Ségur, qui était alors aussi jolie que bonne et aimable.

Sa douceur, son affabilité, la faisaient aimer dès le premier abord; elle ne quittait pas son beau-père, le maréchal de Ségur, vieux et infirme, qui trouvait en elle une véritable Antigone. Son mari, connu par son esprit et son talent litté-raire, était, à cette époque, ambassadeur en Russie.

Pour qu'il ne manquât rien au charme des soirées de madame de La Reynière, on y faisait très souvent de la musique dans la galerie, et c'était Sacchini, Piccini, Garat, Richer, et autres célèbres artistes, qui l'exécutaient. Enfin il serait difficile maintenant de faire com-prendre avec quel délice on se rassemblait dans ce bel hôtel, quelle aménité, quelles bonnes manières régnaient dans ces salons remplis de personnes charmées de se trouver ensemble. Au reste, à l'époque dont je parle, il existait plusieurs maisons de ce genre; et je citerai sur-tout celles des maréchales de Boufflers et de Luxembourg. Quoique l'on soit forcé d'avouer que ces deux grandes dames ne passaient point pour les femmes les plus morales de leur temps, les jeunes femmes se rendaient chez elles avec empressement; c'est là, me disaient-elles, que nous prenons les meilleures leçons du ton de la bonne compagnie, et que nous recevons les meilleurs conseils. La marquise de Boufflers, belle-fille de la maréchale et mère de ce chevalier de Boufflers si connu par son esprit, est l'auteur d'une charmante chanson, espèce de code social, que je copie ici, parce qu'elle est peu connue :

Sur l'air : *Sentir avec ardeur flamme discrète.*

Il faut dire en deux mots ce que l'on veut dire,
   Les longs propos sont sots.
     Il faut savoir lire
     Avant que d'écrire,
Et puis dire en deux mots ce que l'on veut dire.
     Les longs propos sont sots.
   Il ne faut pas toujours parler,
      Citer,
      Dater,
     Mais écouter;
   Il faut savoir trancher l'emploi ,
      Du moi,
      Du moi,

Voici pourquoi :

Il est tyrannique,

Trop académique;

L'ennui, l'ennui

Marche avec lui.

Je me conduis toujours ainsi

Ici;

Aussi

J'ai réussi.

.Pour en revenir à madame de La Reynière,
devenue veuve, il lui restait un fils, bien éloigné de partager la fierté nobiliaire de sa mère,
et qui, sous ce rapport, a dû la désespérer plus
d'une fois. D'abord il s'obstinait à se faire appeler Grimod de La Reynière (le véritable
nom de M. de La Reynière était Grimod), et le
plus souvent Grimod tout court. Ensuite, il
avait pris en tendresse sa parenté du côté pa-
ternel, et sans cesse, aux grands dîners de sa
mère, il parlait devant toute la cour de son
oncle l'épicier, de son cousin le parfumeur,
ce qui mettait la pauvre femme au supplice.

Ce Grimod de La Reynière avait beaucoup

d'esprit, quoiqu'il se plût à se montrer original en toute espèce de choses. Jamais, par exemple, il ne posait son chapeau sur sa tête; mais comme il avait prodigieusement de cheveux, son valet de chambre en construisait un toupet d'une hauteur démesurée. Un jour qu'il se trouvait à l'amphithéâtre de l'Opéra, où l'on représentait un nouveau ballet, un homme de petite taille, placé derrière lui, maudissait tout haut ce mur de nouvelle espèce qui lui cachait totalement le théâtre; las de ne rien voir, le petit homme commença par introduire un de ses doigts dans le toupet, puis deux, et finit par former une sorte de lorgnette, à laquelle il appliqua son œil. Pendant tout ce manége, M. de La Reynière ne bougea pas, ne dit mot; mais, le spectacle fini, il se lève, arrête d'une main le monsieur qui s'apprêtait à sortir, et de l'autre tirant un petit peigne de sa poche : — Monsieur, dit-il avec un grand sang-froid, je vous ai laissé faire tout ce qu'il vous a plu de mon toupet pour vous aider à voir le ballet à votre aise; mais je vais souper en ville, vous

sentez qu'il ne m'est pas possible de me présenter dans l'état où vous avez mis ma coiffure, et vous allez avoir la bonté de la raccom-
moder, ou nous nous couperons demain la
gorge ensemble. — Monsieur, répondit l'inconnu en riant, à Dieu ne plaise que je me
batte avec un homme aussi complaisant que
vous l'avez été pour moi; je vais faire de mon
mieux : et prenant le petit peigne, il rapprocha
les cheveux tant bien que mal, après quoi
tous deux se séparèrent les meilleurs amis du
monde.

DAVID.

Je recherchais avec empressement la société
de tous les artistes renommés, et principalement celle des artistes qui se distiguaient dans
mon art. David venait donc assez fréquemment
chez moi, quand tout à coup il n'y parut plus.
L'ayant rencontré dans le monde, je crus devoir lui adresser quelques reproches aimables

à ce sujet. — Je n'aime pas, me dit-il, à me trouver avec des domestiques de condition. — Comment? répondis-je : avez-vous pu remarquer que je traite les personnes de la cour mieux que d'autres personnes? ne me voyez-vous pas accueillir tout le monde avec les mêmes égards? Et comme il insistait d'un air humoriste : — Ah! dis-je en riant, je crois que vous avez de l'orgueil, que vous souffrez de n'être pas duc ou marquis. Pour moi, à qui les titres sont parfaitement indifférens, je reçois avec plaisir tous les gens aimables.

Depuis lors David n'est point revenu chez moi. Il fit même rejaillir sur ma personne la haine qu'il portait à quelques-uns de mes amis. La preuve en est que, plus tard, il se procura je ne sais quel gros livre écrit contre M. de Calonne, et dans lequel on n'avait pas manqué d'inscrire toutes les infâmes calomnies dont j'avais été l'objet. Ce livre restait constamment dans son atelier sur un tabouret, toujours ouvert, précisément à la page où il était question de moi. Une pareille méchanceté était si noire

et si puérile à la fois, que je n'y aurais point
ajouté croyance, si je n'en eusse été instruite
par M. de Fitzjames, le comte Louis de Narbonne, et d'autres gens de ma connaissance
qui tous avaient remarqué le fait, et même à
plusieurs reprises.

Il faut dire toutefois que David aimait tellement son art, qu'aucune haine ne l'empêchait
de rendre justice au talent qu'on pouvait avoir.
Après que j'eus quitté la France, j'envoyai à
Paris le portrait de Paësiello, que je venais de
faire à Naples. On le plaça au salon en pendant
d'un portrait peint par David, mais dont sans
doute il était peu satisfait. S'étant approché de
mon tableau, il le regarda long-temps, puis se
retournant vers quelques-uns de ses élèves et
d'autres personnes qui l'environnaient : — On
croirait, dit-il, mon portrait fait par une femme
et le Paësiello par un homme. C'est de M. Lebrun, qui était témoin, que je tiens ces paroles,
et de plus j'ai la certitude qu'en toute occasion
David ne me refusait point ses éloges.

Il est bien vraisemblable que des louanges

aussi flatteuses sur mon talent m'auraient fait oublier tôt ou tard les attaques de David contre ma personne; mais ce que je n'ai jamais pu lui pardonner, c'est l'atroce conduite qu'il a tenue pendant la terreur; ce sont les persécutions exercées lâchement par lui contre un grand nombre d'artistes, entre autres contre Robert le paysagiste qu'il fit arrêter et traiter dans la prison avec une sévérité qui allait jusqu'à la barbarie. Il m'aurait été impossible de me retrouver avec un pareil homme. Lorsque je fus rentrée en France, un de nos plus célèbres peintres étant venu chez moi, me dit dans la conversation que David avait un vif désir de me revoir. Je ne répondis pas, et comme le peintre dont je parle a prodigieusement d'esprit, il comprit que mon silence n'était point celui auquel on peut appliquer le proverbe : *qui ne dit rien consent.*

M. DE BEAUJON.

M. de Beaujon m'ayant fait demander de
faire son portrait, qu'il destinait à l'hôpital
fondé par lui dans le faubourg du Roule, et
qui porte encore son nom, je me rendis dans
le magnifique hôtel qu'on appelle aujourd'hui
l'Élysée-Bourbon, attendu que l'infortuné mil-
lionnaire était hors d'état de venir chez moi.
Je le trouvai seul, assis sur un grand fauteuil
à roulettes, dans une salle à manger; il avait
les mains et les jambes tellement enflées qu'il
ne pouvait se servir ni des unes ni des autres;
son dîner se bornait à un triste plat d'épi-
nards; mais plus loin, en face de lui, était
dressée une table de trente à quarante couverts où se faisait, disait-on, une chère exquise,
et qu'on allait servir pour quelques femmes,
amies intimes de M. de Beaujon, et les personnes qu'il leur plaisait d'inviter; ces dames,
toutes fort bien nées et de très bonne compagnie, étaient appelées dans le monde les *ber-*

ceuses de M. de Beaujon. Elles donnaient des ordres chez lui, disposaient entièrement de son hôtel, de ses chevaux, et payaient ces avantages avec quelques instans de conversation qu'elles accordaient au pauvre impotent, ennuyé de vivre seul.

M. de Beaujon voulut me retenir à dîner, ce que je refusai, ne dînant jamais hors de chez moi; mais nous convînmes du prix et de la pose de son portrait; il désirait être peint assis devant un bureau, jusqu'à mi-jambes, avec les deux mains, et je ne tardai pas à commencer et à finir cet ouvrage. Quand je pus me passer du modèle, j'emportai le portrait chez moi pour terminer quelques détails, et j'imaginai de placer sur le bureau le plan de l'hospice. M. de Beaujon en ayant été instruit m'envoya aussitôt son valet de chambre pour me prier instamment d'effacer ce plan, et pour me remettre trente louis en dédommagement du temps que j'y emploierais; j'avais à peine tracé l'esquisse, en sorte que je refusai naturellement les trente louis; mais le valet de chambre

revint encore le lendemain, insistant de la part
de son maître, au point que, pour le forcer à
remporter cet argent, je fus obligée d'effacer le
plan devant lui, afin de lui prouver que cela
ne me faisait pas perdre cinq minutes.

Pendant que je faisais le portrait de M. de
Beaujon, je voulus visiter son bel hôtel, que
j'avais toujours entendu citer pour sa magnificence: aucun particulier, en effet, n'était logé
avec autant de luxe; tout était d'une grande
richesse et d'un goût exquis. Un premier salon
renfermait des tableaux à effet, dont aucun
n'était fort remarquable, tant il est aisé de trom-
per les amateurs, quelque prix qu'ils puissent
mettre à leurs acquisitions. Le second était un
salon de musique : grands et petits pianos, in-
strumens de toute espèce, rien n'y manquait;
d'autres pièces, ainsi que les boudoirs et les
cabinets, étaient meublées avec la plus grande
élégance. La salle de bain surtout était charmante; un lit, une baignoire étaient drapés,
comme les murailles, en belle mousseline à petits bouquets, doublée de rose; je n'ai jamais

rien vu d'aussi joli; on aurait aimé à se baigner là. Les appartemens du premier étage étaient meublés avec autant de soin. Dans une chambre entre autres, qui était ornée de colonnes, on avait placé au milieu une énorme corbeille dorée et entourée de fleurs, qui renfermait un lit, lit dans lequel personne n'avait jamais couché. Toute cette façade de l'hôtel donnait sur le jardin que, vu son étendue, on pouvait appeler le parc, qu'un habile architecte avait dessiné, et qu'embellissait une énorme quantité de fleurs et d'arbres verts.

Il me fut impossible de parcourir cette délicieuse habitation sans donner un soupir de pitié à son riche propriétaire, et sans me rappeler une anecdote que l'on m'avait contée peu de jours avant. Un Anglais, jaloux de voir tout ce que l'on citait comme curieux à Paris, fit demander à M. de Beaujon la permission de visiter ce bel hôtel. Arrivé dans la salle à manger, il y trouva la grande table dressée, ainsi que je l'avais trouvée moi-même, et se retournant vers le domestique qui le conduisait : —

Votre maître, dit-il, doit faire une bien excellente chère? — Hélas! monsieur, répondit le cicerone, mon maître ne se met jamais à table, on lui sert seulement un plat de légumes. L'Anglais passant alors dans le premier salon : — Voilà du moins ce qui doit réjouir ses yeux, reprit-il en montrant les tableaux. — Hélas! monsieur, mon maître est presque aveugle. — Ah! dit l'Anglais en entrant dans le second salon, il s'en dédommage, j'espère, en écoutant de la bonne musique. — Hélas! monsieur, mon maître n'a jamais entendu celle qu'on fait ici, il se couche de trop bonne heure, dans l'espoir de dormir quelques instans. L'Anglais regardant alors le magnifique jardin qui se déployait sous ses fenêtres : — Mais enfin, votre maître peut jouir du plaisir de la promenade. — Hélas! monsieur, il ne marche plus. Dans ce moment arrivaient les personnes invitées à dîner, parmi lesquelles se trouvaient de fort jolies femmes. L'Anglais reprend : — Enfin voilà plus d'une beauté, qui peuvent lui faire passer des momens très agréables? Le domestique ne répondit à ces mots que par deux hélas! au lieu d'un, et n'ajouta rien de plus.

M. de Beaujon était très petit et très gros, sans aucune physionomie; M. de Calonne, que j'ai peint en même temps, offrait son parfait contraste, et les deux portraits se trouvant exposés chez moi, l'abbé Arnault qui les vit à côté l'un de l'autre, s'écria : Voilà précisément l'esprit et la matière.

M. de Beaujon avait été le banquier de la cour sous Louis XV, et ses opérations finan- cières furent toujours si habiles qu'avant sa vieillesse il possédait déjà des millions. Il faut dire à sa louange qu'il dépensait en bonnes œuvres une grande partie de son immense for- tune; jamais un malheureux ne s'est adressé vainement à lui, et l'hôpital du faubourg du Roule recommande encore aujourd'hui son nom comme celui d'un bienfaiteur de l'huma- nité.

M. BOUTIN.

Un autre financier immensément riche et
tout aussi bienfaisant que M. de Beaujon était
M. Boutin pour qui j'avais beaucoup d'amitié.
M. Boutin n'était plus jeune quand je fis connaissance avec lui; il était petit et boiteux, gai,
spirituel, et d'un caractère si affable, si bon,
que l'on s'attachait véritablement à lui dès
qu'on le voyait un peu intimement. Comme il
possédait une très grande fortune, il recevait
souvent et avec une extrême noblesse ses nombreux amis, sans que cela portât en rien pré-
judice aux secours qu'il accordait à tant de
pauvres dont il était l'appui. M. Boutin faisait
les honneurs de chez lui avec une grâce parfaite : j'ai pu en juger souvent; car il avait arrangé pour moi, disait-il, un dîner du jeudi,
où se trouvaient tous mes intimes : Brongniart,
Robert et sa femme, Lebrun le poète, l'abbé
Delille, le comte de Vaudreuil, qui ne manquait jamais cette réunion quand il se trouvait

à Paris le jeudi, etc., etc. Nous étions au plus douze personnes à table, et ces dîners étaient si amusans qu'ils me faisaient fausser une fois par semaine la parole que je m'étais donnée de ne jamais dîner hors de chez moi. Ils avaient lieu dans cette charmante maison de M. Boutin, placée sur la hauteur du magnifique jardin qu'il avait nommé Tivoli : à cette époque la rue de Clichy n'était point encore bâtie, et quand on se trouvait là, au milieu d'arbres superbes qui formaient de belles et grandes allées, on pouvait se croire tout à fait à la campagne, je puis même dire que cette belle habitation me semblait un peu trop isolée; j'aurais eu peur d'y aller le soir et je conseillais souvent à M. Boutin de ne jamais revenir seul.

Lorsque j'eus quitté la France, mon frère m'écrivit que M. Boutin avait continué ses dîners du jeudi en souvenir de moi; que l'on y buvait à ma santé, ainsi qu'à celle de M. de Vaudreuil, qui avait émigré alors. Pour son malheur M. Boutin pensa comme M. de Laborde, qui me disait dans une lettre que je reçus de lui à Rome : « Je reste en France ; je suis tranquille. Comme je n'ai jamais fait de mal à personne.......! » Hélas ! lui aussi, ce bon et aimable M. Boutin n'avait jamais fait de mal à personne : tous deux n'en sont pas moins tombés sous la hache révolutionnaire ; car tous deux étaient riches, et l'on voulait leurs biens. Je ne puis exprimer la douleur que me fit éprouver cette nouvelle ; M. Boutin était un de ces hommes que je regretterai toute ma vie.

Le gouvernement s'empara de tout ce qu'il possédait. Son beau parc fut totalement détruit, à l'exception d'une petite partie dont on fit une promenade à la mode sous le nom de Tivoli, et dans laquelle se donnent, dit-on, de fort belles fêtes que je n'ai jamais vues ; car on pense bien qu'à mon retour en France je n'ai pas eu le courage de retourner dans ce triste lieu.

M. DE SAINTE-JAMES.

M. de Sainte-James était fermier-général, puissamment riche, et vraiment financier dans toute l'étendue du terme. C'était un homme de moyenne grandeur, gros et gras, au visage très coloré de cette fraîcheur qu'on peut avoir à cinquante ans passés quand on se porte bien et qu'on est heureux. M. de Sainte-James tenait un état de maison de la plus grande opulence; il habitait un des beaux hôtels de la place Vendôme, et donnait là de très grands et bons dîners, où il réunissait trente ou quarante personnes pour le moins. N'ayant pu refuser d'y aller une fois, je regrettai beaucoup de n'être ni gourmande ni friande; car sous ces deux rapports j'aurais été complètement satisfaite, tandis que cette société si nombreuse ne me sembla pas, à beaucoup près, aussi aimable que celle qu'on trouvait chez ce bon M. Boutin. M. de Sainte-James recevait son monde avec plus de bonhomie que de grâces.

Après le dîner on passait dans un superbe salon, entièrement garni de glaces ; mais tout cela ne faisait point que tant de personnes réunies, qui ne se connaissaient pas, pussent causer ensemble avec cette espèce de confiance et d'intimité qui fait le charme des conversations.

Plus tard, lorsque M. de Sainte-James eut arrangé sa maison et son magnifique jardin de Neuilly, ce qu'on a toujours appelé *la folie Sainte-James*, il m'engagea à venir y dîner avec quelques-uns de mes amis. Cette journée fut agréable, il nous promena dans ce beau parc, qui venait de coûter des trésors. Entre autres folles dépenses, on avait construit un rocher factice, dont les énormes pierres, apportées de fort loin sans doute, et à bien grands frais, avaient l'air de n'être que suspendues. J'avoue que je le traversai très rapidement, tant ces voûtes immenses me paraissaient peu solides.

C'est dans cette superbe habitation que M. de Sainte-James se plaisait à donner de véritables fêtes. Je m'y rendis un jour pour y voir jouer la comédie. Tant de personnes étaient invitées et parcouraient le jardin avant et après le spectac.e, qu'on se croyait dans une promenade publique.

Il faut croire que la révolution n'est point arrivée à temps pour punir M. de Sainte-James d'avoir étalé tant de magnificence, car je n'ai jamais entendu dire, ni dans l'étranger, ni depuis mon retour en France, qu'il ait été guillotiné. Une mort naturelle l'aura soustrait au sort affreux de M. de Laborde et de M. Boutin.

LA COMTESSE D'ANGEVILLIERS.

Madame d'Angevilliers était ce qu'on appelle un bel esprit. Elle en avait déjà la réputation lorsqu'elle était madame Marchais. Tous les hommes de lettres, et même les savans, composaient alors sa société. Le comte d'Angevilliers, qu'elle recevait souvent, en devint amoureux et l'épousa. Elle avait un tel ascendant sur lui qu'il ne parlait point en sa présence, quoi-

qu'il eût de l'esprit, du goût et des connaissances qu'on pouvait apprécier aisément partout où n'était pas sa femme.

Il me serait impossible de dire si madame
d'Angevilliers était laide ou jolie; je l'ai cependant vue nombre de fois, et j'ai souvent été
placée à table à côté d'elle. Mais elle avait toujours la figure cachée sous un voile, qu'elle
n'ôtait pas même pour dîner. Ce voile couvrait,
ainsi que son visage, un énorme bouquet de
branches d'arbres verts, qu'elle portait constamment à son côté. Je ne concevais pas comment elle pouvait *s'enfermer* ainsi avec ce bouquet sans prendre mal à la tête; mais plus tard,
quand je suis entrée dans sa chambre à coucher, j'ai été encore plus surprise de voir cette
chambre garnie de gradins toujours couverts
d'arbres verts de toute espèce, que l'on n'ôtait
pas même la nuit.

Madame d'Angevilliers était aussi polie qu'on
pouvait l'être, mais si étrangement compli-
menteuse, qu'on lui en voulait quelquefois de
rendre la politesse ridicule. Un jour que

M. d'Angevilliers avait engagé à dîner plusieurs artistes de l'Académie de peinture, Vestier y vint. Vestier était fort bon peintre de portraits et venait d'exposer au salon un tableau de famille très bien composé et très harmonieux qu'on avait beaucoup remarqué. Mais il pouvait avoir au moins cinquante ans, il était maigre, pâle et prodigieusement laid. Madame d'Angevilliers, qui désirait lui adresser quel-quelques mots flateurs, lui dit tout haut : —*En vérité, Monsieur, je vous trouve embelli.* Le pauvre Vestier devint rouge comme un coq, il regardait à droite et à gauche pour voir si ces paroles ne s'adressaient pas à quelque autre qu'à lui, en sorte que le fou rire me prit.

C'est chez madame d'Angevilliers que j'ai dîné pour la première fois avec le marquis de Bièvre, qui est devenu célèbre comme faiseur de calembourgs. J'eus du malheur, car le jour dont je parle il n'en fit aucun; mais on m'en apprit un fort joli qu'il avait adressé à la reine. Sa Majesté lui demandant un calembourg, M. de Bièvre, s'étant incliné, s'aperçut que la

reine avait des souliers verts : — Les désirs de
Votre Majesté sont des ordres, dit-il aussitôt,
l'univers est à ses pieds.

———

GINGUENÉ.

Ginguené m'avait été présenté par Lebrun
le poète comme son ami intime, en sorte qu'il
venait quelquefois à mes soirées, quoiqu'il ne
me plût sous aucuns rapports. Je lui trouvais
un esprit sec, sans charme et sans gaieté ; il n'é-
tait pas en harmonie avec ma société, et ses
œuvres m'étaient tout aussi antipathiques que
sa conversrtion. En 1789, il nous lut une
ode qu'il venait de faire pour M. Necker. Cette
ode pouvait passer pour le programme de 1793,
il y parlait de victimes, et soutenait qu'on ne
pouvait régénérer la France sans répandre du
sang. Des opinions aussi atroces me faisaient
frissonner. Le comte de Vaudreuil, qui était
présent, ne dit rien, mais nous nous regar-

dâmes, et je vis bien qu'ainsi que moi il devi-
vinait l'homme.

Ginguené ne quittait guère son ami Lebrun
Pindare. Sitôt après la mort de celui-ci, il alla
trouver madame Lebrun (qui par parenthèse
avait été cuisinière), et lui demanda les ma-
nuscrits de Lebrun, dont il désirait se faire
éditeur. Madame Lebrun les lui remit tous. En
les feuilletant pour les mettre en ordre, Ginguené fut un peu saisi de trouver plus de cent
épigrammes faites contre lui-même; quelques-
unes étaient atroces. On conçoit que l'éditeur
les mit toutes de côté; mais je l'ai toujours
soupçonné de s'être vengé en faisant imprimer
trop de choses faibles et inutiles dans les œuvres
de Lebrun, ce qui nuit beaucoup à un recueil
qui pouvait être excellent.

Tout le monde sait que, la révolution venue,
Ginguené s'y jeta à corps perdu, et qu'il témoignait hautement son regret de n'avoir pas été
à même de voter la mort de Louis XVI.

VIGÉE.

Mon frère était un de ces hommes faits pour se voir très recherchés dans la société. Il avait un excellent ton, ayant fréquenté fort jeune la bonne compagnie, de l'esprit, de l'instruction; il faisait de très jolis vers avec une extrême facilité, et jouait la comédie mieux que beaucoup d'acteurs. Il contribuait infiniment au charme et à la gaieté de toutes nos réunions; peut-être même l'empressement que mettait le monde à le rechercher a-t-il nui à sa carrière littéraire, car nous lui prenions beaucoup de temps. Il lui en resta assez néanmoins pour se distinguer comme homme de lettres. Outre le cours de littérature qu'il fit à l'Athénée avec un grand succès, quoiqu'il succédât au cours que venait d'y faire La Harpe, Vigée a laissé un volume de poésies légères et plusieurs comédies écrites en vers, dont deux, les *Aveux difficiles* et *l'Entrevue* sont restées fort long-temps au répertoire du Théâtre-Français. Je suis même surprise qu'on ne les donne plus, surtout *l'En-trevue*, charmante petite pièce, que mademoi-selle Contat et Molé jouaient admirablement.

Mon frère, jeune encore, épousa la fille aî-née de M. de Rivière, chargé d'affaires de Saxe : c'était une femme charmante, pleine de vertus et de talens, si excellente musicienne, et douée d'une si belle voix, qu'elle a chanté chez moi avec madame Todi, sans que la comparaison lui fût défavorable.

Mon frère et mademoiselle de Rivière n'ont laissé de leur mariage qu'un seul enfant, ma nièce, ma bien-aimée nièce, celle qui m'a rendu une fille depuis, hélas! que j'ai perdu la mienne.

———

LE MARQUIS DE RIVIÈRE.

Jamais je ne pense à ce brave sans songer aux anciens preux; tout en lui était chevale-resque; il a cent fois affronté la mort, et la mort la plus horrible, avec un courage, un sang-froid, une persévérance inimaginable, pour

servir le prince auquel il avait consacré sa vie;
et ce dévouement si complet, si constant, ne
prenait sa source dans aucune ambition, mais
dans l'amitié la plus vive, dans une amitié bien
rare même entre particuliers. Cette affection
du marquis de Rivière pour M. le comte d'Artois dominait en lui tout autre sentiment; elle
a pu le conduire à l'exil, à la pauvreté, dans
les cachots, sans qu'il crût lui faire trop de sa-
crifices. « Je n'ai plus rien, me disait-il un jour
à Londres; mais, ajouta-t-il en mettant la main
sur son cœur, où était toujours placé le portrait de son prince chéri, la dernière goutte du
sang qui coule là est pour lui. Peut-être le sort
m'a-t-il préservé si souvent parce que je dois
lui être utile. Je serais bien heureux alors d'a-
voir échappé tant de fois à la mort. »

C'est par suite d'un désir si louable qu'on a
toujours vu M. de Rivière se charger des mis-
sions les plus importantes et souvent les plus
dangereuses. Le repos lui était devenu étranger,
ne lui semblait plus nécessaire; il partait pour
Vienne, pour Berlin, pour Pétersbourg, etc.,

portant aux rois qui restaient encore sur leurs
trônes les demandes d'un roi tombé du sien. Il
courait jour et nuit sans s'arrêter, quelquefois
sans prendre de nourriture, et remplissait sa
mission avec tant de noblesse et d'habileté, qu'il
emportait l'estime et la considération de tous
les souverains et de tous les diplomates de l'Europe. Ces voyages répétés d'une manière vraiment fabuleuse n'avaient rien de dangereux, à
part l'extrême fatigue qu'ils lui causaient; mais
combien de fois ne s'est-il pas introduit en
France, sur cette terre qu'il ne pouvait toucher qu'au risque de sa tête? Dans les nombreuses courses qu'il faisait à Paris pendant le
temps de la terreur, combien de fois son zèle,
son activité, lui ont-ils fait affronter la mort?
Dieu semblait le protéger. Un jour, sur le point
de débarquer en Bretagne, il trouve la côte
garnie de soldats; à l'instant il saute du canot
dans la mer, plonge, et reste sous l'eau jusqu'au moment où, la côte devenue libre, il lui
est possible de gagner la terre. Il entrait à Paris
et il en sortait tantôt déguisé en marchand

d'allumettes, tantôt sous tout autre déguise-
ment du même genre. Il s'y tenait caché le jour
chez un brave homme qui l'avait servi autrefois et lui était entièrement dévoué ; il ne pouvait agir que la nuit en s'exposant encore aux
plus grands périls ; fallait-il repartir, il ne parvenait souvent à se soustraire aux poursuites
qu'il excitait qu'en sautant des ravins profonds,
en traversant rapidement des rivières à la nage ;
souffrant la faim, la soif, ne pouvant prendre
aucun repos. C'est ainsi qu'il parvint toujours
à s'échapper jusqu'à la triste affaire de Georges.
Je me souviens que, peu de temps avant cette
fatale entreprise, je me trouvais à Londres
avec lui dans une maison où se trouvait aussi
Pichegru. M. de Rivière, qui prétendait que j'é-
tais excellente physionomiste, s'approcha de
moi et me montrant le général français : « Ob-
servez cet homme, me dit-il, croyez-vous qu'on
puisse s'y fier, qu'il ne trahira pas? » On pense
bien que j'ignorais complètement de quelle
affaire il s'agissait ; mais je regardai Pichegru
et je répondis sans hésiter : — « On peut s'y

fier; la franchise me paraît siéger sur ce front-
là. » Pichegru ne trahit point en effet, on sait
trop qu'il est mort la première victime de cette
malheureuse tentative. Le sort de M. de Rivière
ne fut pas aussi affreux, quoique sa prison ait
été bien longue et bien cruelle; car il m'a raconté à mon retour en France que le premier
cachot où il fut mis était plein d'une eau stag-
nante qui lui venait jusqu'à la cheville. Si l'on
joint à cette situation l'idée que cette prison
ne s'ouvrirait peut-être jamais pour lui, et la
douleur de vivre loin de son prince bien-aimé,
loin de tous ses amis, on juge de ce qu'il a dû
souffrir. C'est à cette époque de malheur que
M. de Rivière devint dévot, et qu'il puisa dans
la religion la force qui lui était nécessaire pour
supporter tant de peines et tant de privations.

Après être resté plusieurs années en prison,
il en sortit enfin sur sa parole d'honneur de ne
point quitter la France; car Bonaparte lui-même
savait ce qu'était la parole d'honneur de M. de
Rivière, qui la respecta scrupuleusement en

effet, jusqu'au jour où il eut l'ineffable joie de voir revenir les Bourbons.

On sait que le roi le fit duc, qu'il fut envoyé à Constantinople comme ambassadeur dans des circonstances difficiles, et qu'enfin Charles X l'avait choisi pour gouverneur du duc de Bordeaux, quand une mort prématurée vint l'enlever à son jeune élève, à son prince chéri, et l'on peut dire à la France.

Ayant appris à quel point Charles X ressentait douloureusement la perte d'un tel ami, comme j'avais déjà fait de souvenir le portrait de plusieurs personnes, j'essayai de faire ainsi celui de M. de Rivière; j'eus le bonheur de réussir. Je portai aussitôt le portrait au roi, qui le reçut avec une extrême sensibilité, et qui s'écria les larmes aux yeux : — Ah! madame Lebrun, combien je vous suis obligé de votre heureuse et touchante idée! J'étais plus que payée par ces paroles; mais je n'en reçus pas moins le lendemain de Sa Majesté un superbe nécessaire en vermeil, que je garderai toute ma vie.

Le duc de Rivière était d'une taille moyenne, ni beau ni laid ; on ne pouvait remarquer dans sa figure qu'une extrême finesse de regard , qui, jointe à une expression de franchise et de bonté, annonçait tout le caractère de l'homme. Tel que je le dépeins, cependant, M. de Rivière a toujours fait les conquêtes les plus brillantes. Il ne les devait point à ses avantages extérieurs , mais bien aux qualités de son ame, auxquelles il devait aussi tant d'amis, qui lui sont restés attachés jusqu'à sa mort et ne perdront jamais son souvenir. Parmi plusieurs beautés distinguées qui ont eu de l'amour pour lui, la dernière surtout était bien certainement la plus jolie femme de la cour; elle l'a aimé tant qu'elle a vécu, et M. de Rivière lui conservait un souvenir touchant. Il portait habituellement sur son cœur, à côté du portrait de M. le comte d'Artois, un portrait d'elle qu'il me montra à Londres. Il ne commettait en cela aucune indiscrétion, sa liaison avec cette charmante personne ayant été connue de tout le monde. De retour en France, il se maria avec une femme qui l'adorait, et dont il a fait constamment le bonheur. Il en a eu plusieurs enfans.

M. de Rivière, outre son noble et beau caractère, avait beaucoup d'esprit. On pourrait imprimer plusieurs de ses lettres comme modèle de style, et dans la conversation le mot d'à-*propos* ne lui manquait jamais. Un jour, par exemple, déjeunant à Pétersbourg chez Suvarow, qui avait pour lui de l'estime et de l'affection, ce général dit aux officiers russes, en le désignant : « Allons, messieurs, buvons au plus brave ! — A votre santé, monsieur le maréchal, » répondit aussitôt M. de Rivière.

Sous le titre de Mémoires, M. le chevalier de Chazet a écrit la vie du duc de Rivière. Tous les documens nécessaires lui avaient été fournis pour qu'on ne pût contester la véracité de cet ouvrage, qui se lit avec un vif intérêt et qui fait honneur au cœur comme au talent littéraire de l'auteur.

M. DE BUFFON.

Je suis allée, en 1785, avec mon frère et M. le comte de Vaudreuil, dîner chez cet homme si célèbre comme savant et comme écrivain. Buffon était déjà fort vieux, puisqu'il est mort trois ans après, âgé de quatre-vingt-un ans. Je fus d'abord frappée de la sévérité de sa physionomie; mais dès qu'il se fut mis à causer avec nous, nous crûmes voir s'opérer une métamorphose; car son visage s'anima au point qu'on pouvait dire de lui avec toute vérité que le génie étincelait dans ses yeux. Nous le quittâmes pour aller à table; lui resta dans son salon, ne mangeant plus alors que des légumes. Son fils et sa jolie belle-fille firent les honneurs du dîner, après lequel nous retournâmes au salon pour y prendre le café. Une conversation s'étant établie, M. de Buffon en fit presque tous les frais, et parut se plaire à la prolonger; il nous récita de mémoire plusieurs fragmens de ses ouvrages, qui nous charmèrent doublement par la chaleur et l'expression qu'y prêtait l'accent du génie. Nous le quittâmes assez tard, avec un grand regret, et j'étais tellement enthousiasmée de lui, que j'enviais beaucoup le sort de son fils et de sa belle-fille, qui pouvaient tous les jours le voir et l'entendre.

M. LE PELLETIER DE MORFONTAINE.

M. Le Pelletier de Morfontaine, qui a été long-temps prévôt des marchands sous Louis XVI, avait de l'esprit, de l'instruction, de la bonhomie, un ton parfait, et pourtant je n'ai connu personne plus chargé que lui de ridicule.

Il était assez grand, très maigre. A cinquante-cinq ans au moins qu'il avait quand je l'ai connu, son visage était pâle et fané, il mettait pour s'animer le teint une forte couche de rouge sur ses joues et jusque sur son nez. La chose était évidente au point qu'il en convenait en nous disant qu'il ferait peur s'il ne portait point de rouge. Cette figure déjà assez comique était entourée d'une coiffure tellement étrange, qu'en la voyant pour la première fois j'éclatai de rire. C'était une immense perruque fiscale dont le toupet s'élevait en pointe comme un pain de sucre, accompagné de longues boucles qui tombait sur les épaules; le tout poudré à blanc. Ce n'est pas tout; M. Le Pelletier avait de fatales infirmités qu'il ne devait pas à son âge avancé, mais à une malheureuse nature : il était obligé de tenir sans cesse dans sa bouche des pastilles odorantes et de se garder de parler aux gens de près. Il prenait plusieurs bains de pieds dans le jour, il en prenait même la nuit et portait constamment deux paires de souliers à doubles semelles. Tant de précautions n'empêchaient point qu'il ne fût impossible de tenir près de lui dans une voiture fermée; j'en ai fait une fois la triste expérience, ainsi que ma belle-sœur, en revenant de Morfontaine. Eh bien! tel que le voilà, M. Le Pelletier avait les plus grandes prétentions auprès des femmes, et se croyait l'homme du monde le plus dangereux pour elles. Il parlait sans cesse de ses amours, de ses succès, de ses conquêtes, ce qui prêtait beaucoup à rire.

Le chevalier de Coigny m'a raconté qu'étant allé un matin voir M. Le Pelletier, il le trouva étendu sur une chaise longue, près d'une table couverte de fioles, de médicamens, de sachets, etc., et si pâle, car il n'avait pas encore mis son rouge, qu'en entrant dans sa chambre, M. de Coigny le crut mourant. — Ah! mon cher chevalier, dit-il aussitôt, que je suis ravi de vous voir! Vous allez me donner vos bons avis sur une chose qui m'occupe beaucoup. Il faut que vous sachiez que je viens de rompre toutes mes liaisons; je suis libre, absolument libre, et vous qui connaissez les plus jolies femmes de la cour, vous allez me dire à laquelle vous me conseillez d'adresser mes soins. Le chevalier de Coigny était peut-être de notre société celui qui s'amusait le plus des ridicules de M. Le Pelletier; on juge s'il saisit l'occasion. Il se mit à passer en revue avec lui les femmes les plus remarquables par leur beauté ; mais à toutes M. Le Pelletier trouvait quelque défaut qui le repoussait. Cette scène dura long-temps : — Ma foi, mon cher, dit enfin le chevalier en éclatant de rire, puisque vous êtes si difficile, je vous conseille d'imiter le beau Narcisse et de devenir amoureux de vous-même.

C'est sous la prévôté de M. Le Pelletier de Morfontaine que le pont de la place Louis XV fut bâti, et à cette occasion, le roi lui donna le cordon bleu, que l'on pouvait obtenir par charge, lorsqu'on ne faisait point partie de la haute noblesse. Ce cordon bleu lui tourna tellement la tête qu'il le portait toujours ; je serais tentée de croire qu'il le mettait dès le matin sur sa robe de chambre. Un jour je l'aperçus grimpant sur les rochers qui bordent le lac de Morfontaine, et costumé selon son ordinaire comme s'il allait partir pour Versailles. Je lui criai d'en bas, où je me promenais, plongée dans mes rêveries champêtres, que son cordon bleu était tout-à-fait ridicule au milieu de cette belle nature. Il ne m'en voulut pas un instant de lui avoir ainsi fait sentir son travers; car après tout il faut dire que ce pauvre M. Le Pelletier était le meilleur homme du monde.

VOLTAIRE.

J'étais à la Comédie-Française le jour que Voltaire vint y voir représenter sa tragédie d'*Irène*. De ma vie je n'ai assisté à un pareil triomphe. Quand le grand homme entra dans sa loge, les cris, les applaudissemens furent tels que je crus que la salle allait s'effondrer. Il en fut de même au moment où on lui plaça la couronne sur la tête, et le célèbre vieillard était si maigre, si chétif, que d'aussi vives émotions me faisaient trembler pour lui. Quant à la pièce, on n'en écouta pas un mot, et cependant Voltaire put quitter la salle persuadé qu'*Irène* était son meilleur ouvrage.

J'avais une extrême envie d'aller le voir à

l'hôtel de M. de Villette chez qui il logeait; mais ayant entendu dire que tout flatté qu'il était des visites sans nombre qui lui étaient faites, il en éprouvait une grande fatigue, je renonçai à mon projet. Je puis donc dire n'avoir été chez lui qu'en peinture, et voici comment. Hall, le plus habile peintre en miniature de cette époque, venait de finir mon portrait. Ce portrait était extrêmement ressemblant, et Hall étant allé voir Voltaire, le lui montra. Le célèbre vieillard, après l'avoir regardé long-temps, le baisa à plusieurs reprises. J'avoue que je fus très flattée d'avoir reçu une pareille faveur, et que je sus fort bon gré à Hall d'être venu me l'affirmer.

LE PRINCE HENRI DE PRUSSE.

Lorsque la comtesse de Sabran me présenta chez elle au frère du grand Frédéric, je voyais ce prince pour la première fois, et je ne saurais

dire combien je le trouvai laid. Il pouvait avoir
à peu près cinquante-cinq ans à cette époque,
le roi de Prusse étant de beaucoup son aîné. Il
était petit, mince, et sa taille, quoiqu'il se tînt
fort droit, n'avait aucune noblesse. Il avait conservé un accent allemand très marqué, et gras-
seyait excessivement. Quant à la laideur de son
visage, elle était au premier abord tout-à-fait
repoussante. Cependant avec deux gros yeux
dont l'un regardait à droite et l'autre à gauche,
son regard n'en avait pas moins je ne sais quelle
douceur, qu'on remarquait aussi dans le son
de sa voix, et lorsqu'on l'écoutait, ses paroles
étant toujours d'une obligeance extrême : on
s'accoutumait à le voir.

Sa valeur guerrière est assez connue pour
qu'il soit inutile d'en parler; on sait qu'il aimait la gloire en digne frère de Frédéric; mais
ce qu'il faut dire, c'est qu'il était aussi sensible
à un trait d'humanité qu'à un trait d'héroïsme :
il était bon et faisait un très grand cas de la
bonté dans les autres.

Il avait pour les arts, et surtout pour la musique, une véritable passion, au point qu'il voyageait avec son premier violon afin de pouvoir cultiver son talent en route. Ce talent était assez médiocre, mais le prince Henri ne laissait échapper aucune occasion de l'exercer. Pendant tout le séjour qu'il a fait à Paris, il venait constamment à mes soirées musicales, ne redoutait point la présence des premiers virtuoses, et je ne l'ai jamais vu refuser de faire sa partie dans un quatuor à côté de Viottis qui jouait le premier violon.

LE COMTE D'ALBARET.

Un autre amateur forcené de musique, qui vivait à Paris à la même époque, était le comte d'Albaret. Non-seulement il s'empressait d'aller à tous les concerts; mais, quoique sa fortune ne fût pas très considérable, il avait une musique à lui, comme en ont les souverains. Il logeait et nourrissait dans sa maison huit ou dix musiciens auxquels il payait des appointe-

mens, leur permettant en outre de prendre des
écoliers dehors aux heures qu'il leur laissait
libres. Ces artistes, comme on doit l'imaginer,
étaient tous du second ordre. La chanteuse,
par exemple, qui ne chantait que des airs
italiens, avait une assez belle voix, mais ne
pouvait passer pour une prima dona, et je
me souviens qu'il m'avait donné pour maître
de chant un homme dont le savoir était médiocre. Il en était de même de ses instrumen-
tistes, pris isolément, sans en excepter son
premier violon; et cependant, tous ces gens-là
avaient une telle habitude de marcher ensemble, et faisaient un si grand nombre de répé-
tions, qu'on n'entendait nulle part de la musique aussi bien exécutée que chez le comte
d'Albaret. Aussi tous les amateurs se rendaient-
ils avec empressement à ses concerts. Ils
avaient lieu le dimanche matin : j'y suis allée
plusieurs fois, et j'en suis toujours sortie
charmée.

LE COMTE D'ESPINCHAL.

Voici un homme dont les affaires, les plaisirs, en un mot toute l'existence, se bornaient à savoir, jour par jour, tout ce qui se passait dans Paris. Le comte d'Espinchal était toujours instruit le premier d'un mariage, d'une intrigue amoureuse, d'une mort, de la réception ou du refus d'une pièce de théâtre, etc.; au point que si l'on avait besoin d'un renseignement quelconque sur qui ou sur quoi que ce fût au monde, on se disait aussitôt : Il faut le demander à d'Espinchal. On imagine bien que, pour être aussi parfaitement au fait, il fallait qu'il connût une prodigieuse quantité de gens; aussi ne pouvait-il marcher dans la rue sans saluer quelqu'un à chaque pas, et cela depuis le grand seigneur jusqu'au garçon de théâtre, depuis la duchesse jusqu'à la grisette et la fille entretenue.

En outre, le comte d'Espinchal allait partout. On était certain, ne fût-ce que pour un moment, de le voir dans les promenades, aux courses de chevaux, au salon, le soir à deux ou trois spectacles. Je n'ai vraiment jamais su quel temps il prenait pour se reposer et même pour dormir; car il passait presque toutes ses nuits dans les bals.

A l'Opéra ainsi qu'à la Comédie-Française, il savait au juste à qui appartenaient toutes les loges, dont la plupart, il est vrai, étaient louées à l'année à cette époque. On le voyait se les faire ouvrir l'une après l'autre pour rester cinq minutes dans chacune; car trop d'affaires l'appelaient de tous côtés pour qu'il fît des visites longues. Il n'y mettait que le temps d'apprendre quelques nouvelles de plus.

Heureusement le comte d'Espinchal n'était point méchant, autrement il aurait pu brouiller bien des ménages, causer bien des ruptures de liaisons d'amour ou d'amitié, enfin nuire à beaucoup de gens. Il n'était pas même très bavard et savait se taire avec les personnes intéressées dans les mystères sans nombre qu'il parvenait à découvrir. Il suffisait à sa satisfaction personnelle d'être parfaitement au courant de tout ce qui se passait à Paris et à Versailles; mais pour parvenir à ce but il ne négligeait aucun soin, et bien certainement il était plus au fait de mille choses que ne l'était le lieutenant de police.

. Une pareille manie est si bizarre, qu'afin de faire croire à sa réalité, je vais raconter un trait qui, dans le temps, a été connu de tout Paris. Un jour, ou plutôt une nuit, le comte d'Espinchal se trouvait au bal de l'Opéra. Ce bal n'était point alors ce qu'il est devenu maintenant; la bonne compagnie le fréquentait, et les plus honnêtes femmes de la cour et de la ville ne se refusaient pas le plaisir d'y aller, masquées jusqu'aux dents, comme on disait; mais pour M. d'Espinchal il n'existait point de masque; du premier coup d'œil il reconnaissait son monde : aussi tous les dominos le fuyaient-ils comme la peste. Il se promenait dans la salle quand il remarqua un homme *qu'il ne connaissait pas*, et qui courait de côtés et d'autres, pâle, effaré, s'approchant de toutes les femmes en dominos bleus, puis s'éloignant aussitôt d'un air désespéré. Le comte n'hésite pas à l'aborder, et lui dit avec intérêt : — Vous me paraissez en peine, monsieur. Si je pouvais vous être bon à quelque chose, j'en serais charmé.—Ah! monsieur, répond l'inconnu, je suis le plus malheureux des hommes. Imaginez que ce matin je suis arrivé d'Orléans avec ma femme, qui m'a tourmenté pour la mener au bal de l'Opéra. Dans cette foule, je viens de la perdre, et la pauvre petite ne sait pas le nom de l'hôtel, pas même le nom de la rue où nous sommes descendus.—Calmez-vous, calmez-vous, dit le comte d'Espinchal, je vais vous conduire près d'elle. Madame votre femme est assise dans le foyer à la seconde fenêtre. C'était la dame en effet. Le mari, transporté de joie, se confond en remerciemens :—Mais comment se fait-il, monsieur, que vous ayez deviné?...—Rien n'est plus simple, répond le comte d'Espinchal : madame étant la seule femme du bal que je ne connaisse pas, j'avais déjà bien pensé qu'elle devait être arrivée de province très nouvellement.

Quand je suis revenue à Paris, sous le consulat, j'ai revu le comte d'Espinchal : — Eh bien! lui dis-je, vous devez être furieusement désorienté; vous ne connaissez plus personne dans les loges de l'Opéra et de la Comédie. Pour toute réponse, il leva les yeux au ciel. Il est mort peu de temps après, d'ennui sans doute; car il n'était pas extrêmement vieux. On assure qu'avant de mourir il brûla une énorme quantité de notes qu'il avait l'habitude d'écrire chaque soir. J'avais en effet entendu parler de ces notes par plusieurs personnes que peut-être elles effrayaient. Il est certain qu'elles auraient pu fournir la matière d'un ouvrage très piquant, mais bien certainement très scandaleux.

LA COMTESSE DE FLAHAUT.

Parmi les femmes les plus distinguées que

j'ai connue avant la révolution, je ne dois pas oublier l'auteur d'*Adèle de Sénanges*, d'*Eugène de Rothesin*, et de plusieurs autres ouvrages charmans, que tout le monde a lus pour le moins une fois. Madame de Flahaut, aujourd'hui madame de Souza, n'écrivait point encore quand j'ai fait connaissance avec elle. Son fils, qui est maintenant pair de France, était alors un enfant de trois ou quatre ans. Elle-même était fort jeune. Elle avait une jolie taille, un visage charmant, les yeux les plus spirituels du monde, et tant d'amabilité qu'un de mes plaisirs était d'aller passer la soirée chez elle, où le plus souvent je la trouvais seule.

A mon retour en France j'avais un grand désir de revoir madame de Flahaut. Une multitude d'affaires, d'occupations diverses, m'en ont empêchée pendant si long-temps, que je n'ai plus osé me présenter chez elle. Si le hasard fait qu'elle lise ces lignes, elle saura du moins que je suis loin de l'avoir oubliée.

———

MADEMOISELLE QUINAULT.

Madame de Verdun, une de mes meilleures amies, me fit faire connaissance avec mademoiselle Quinault, qui, après avoir été célèbre comme grande actrice dans la tragédie et dans la comédie, l'était encore comme une des femmes les plus spirituelles et les plus instruites de son temps; elle avait quitté le théâtre en 1741. Amie intime de M. d'Argenson et de d'Alembert, son salon était devenu le rendez-vous de tout ce que Paris avait de distingué en gens de lettres et en gens du monde, et l'on recherchait avec empressement le plaisir de passer quelques momens avec elle.

A l'époque où je l'ai connue, mademoiselle Quinault, malgré son grand âge, conservait tant d'esprit et tant de gaieté, qu'en l'écoutant on la voyait jeune. Sa mémoire était prodigieuse, et certes elle avait eu le temps de l'orner; car elle avait alors quatre-vingt-cinq ans. Entre mille anecdotes que lui fournissaient sans cesse ses souvenirs, elle nous raconta qu'étant allée un jour voir Voltaire, avec qui elle était fort liée, elle trouva le grand homme au lit. Il lui parla d'une tragédie de lui pour laquelle il désirait que Le Kain mît une écharpe; mais une écharpe placée de certaine façon, et dans la chaleur de la description, voilà Voltaire qui jette ses couvertures, relève sa chemise pour en former une écharpe, laissant totalement à découvert son corps décrépit aux yeux de mademoiselle Quinault, fort embarrassée de sa personne.

Mademoiselle Quinault n'est morte qu'en 1783, plus que nonagénaire. Madame de Verdun, qui était allée chez elle un matin, fut surprise de la trouver parée, couverte de rubans couleur de rose, mais dans son lit. — Comment, dit madame de Verdun, je ne vous ai jamais vue si coquette? — Je me suis parée ainsi, répondit mademoiselle Quinault, parce que je dois mourir aujourd'hui. Le soir même, en effet, elle avait cessé de vivre.

LE COMTE DE RIVAROL.

Mon frère me présenta un matin le comte de Rivarol, que son esprit faisait extrêmement rechercher dans les plus brillantes sociétés de Paris, même avant qu'il eût rien écrit. Comme je ne l'attendais point, j'étais dans mon atelier, et je mettais ce que nous appelons l'harmonie à plusieurs tableaux que je venais de terminer. On sait que ce dernier travail ne permet aucune distraction, en sorte qu'en dépit du désir que j'avais toujours eu d'entendre causer M. de Rivarol, je jouis fort peu du charme de sa conversation, tant j'étais préoccupée : il parlait en outre avec une telle volubilité que j'en étais comme étourdie. Je remarquai cependant qu'il avait une belle figure et une taille extrêmement élégante; il n'en dut pas moins me trouver si maussade que je ne l'ai plus revu chez moi. Il se peut à la vérité qu'un autre motif l'ait empêché d'y revenir. Il passait sa vie avec le marquis de Champcenetz , qui s'est toujours montré fort méchant pour moi. Le marquis de Champcenetz, sans avoir ni tout le talent, ni la force de tête de l'auteur du discours *sur l'universalité de la langue française*, avait beaucoup d'esprit, qu'il employait habituellement à déchirer le prochain. Il avait, comme M. de Bièvre, le goût des calembourgs; et il en faisait sans cesse, en sorte que Rivarol l'appelait l'épigramme de la langue française.

C'est le marquis de Champcenetz, qui, condamné à mort par le tribunal révolutionnaire, demanda gaiement à ses juges s'il lui était permis de chercher un remplaçant comme pour la garde nationale.

———

PAUL JONES.

J'ai souvent soupé chez madame Thilorié, sœur de madame de Bonneuil, avec ce célèbre marin, qui a rendu tant de services à la cause américaine et fait tant de mal aux Anglais. Sa réputation l'avait précédé à Paris, où l'on savait

dans combien de combats, avec sa petite es-
cadre, il avait triomphé des forces dix fois
supérieures de l'Angleterre. Néanmoins, je n'ai
jamais rencontré d'homme aussi modeste : il
était impossible de le faire jamais parler de ses
hauts faits; mais sur tout autre sujet, il causait volontiers avec infiniment d'esprit et de
naturel.

Paul Jones était Écossais de naissance. Je
crois qu'il aurait beaucoup désiré devenir ami-
ral dans la marine française; j'ai même entendu
dire que, lorsqu'il revint à Paris une seconde
fois, il en fit la demande à Louis XVI, qui le
refusa. Quoi qu'il en soit, il alla d'abord en
Russie, où le comte de Ségur le présenta à
l'impératrice Catherine II, qui l'accueillit avec
la plus grande distinction et le fit dîner avec
elle. Il quitta Pétersbourg pour aller joindre
Suvarow et le prince de Nassau, avec lesquels
il se distingua de nouveau dans la guerre contre
les Turcs. De retour à Paris, il y est mort pendant la révolution, mais avant la terreur.

———

MESMER.

Comme j'entendais parler sans cesse de ce fameux charlatan, j'eus la curiosité d'assister une fois à ce qu'il appelait ses *séances*, afin de juger par moi-même cette jonglerie. En entrant, dans la première salle où se tenaient les partisans du *magnétisme animal*, je trouvai beaucoup de monde rangé autour d'un grand baquet bien goudronné : hommes et femmes, pour la plupart, se tenaient par la main, formant la chaîne. Mon désir fut d'abord de faire partie de ce cercle ; mais je crus m'apercevoir que l'homme qui allait devenir mon voisin avait la gale ; on sent si je me hâtai de retirer ma main et de passer dans une autre pièce. Pendant le trajet, plusieurs affidés de Mesmer dirigeaient vers moi de toutes parts de petites baguettes de fer dont ils étaient munis, ce qui m'impatientait prodigieusement. Après avoir visité les différentes salles, qui toutes étaient remplies comme la première de malades et de curieux, j'allais m'en aller, lorsque je vis sortir d'une chambre voisine une jeune et grande demoiselle, assez jolie, que Mesmer tenait par la main. Elle était tout échevelée, et jouait le délire, ayant grand soin pourtant de tenir ses yeux fermés. Tout le monde aussitôt entoura les deux personnages. —Elle est inspirée, dit Mesmer, et elle devine tout, quoique parfaitement endormie. Alors, il la fit asseoir, s'assit devant elle et lui prenant les deux mains, il lui demanda quelle heure il était? Je remarquai fort bien que le patron tenait ses pieds posés sur les pieds de la prétendue sybille, ce qui rendait facile d'indiquer l'heure, et même les minutes; aussi la demoiselle répondit-elle avec tant d'exactitude, qu'elle se trouva d'accord avec toutes les montres des assistans.

J'avoue que je sortis indignée qu'une pareille charlatanerie pût réussir chez nous. Ce Mesmer a gagné des monceaux d'or; outre ses séances, qui, toujours fort suivies, lui ont rapporté immensément, ses nombreuses dupes firent en sa faveur une souscription qui s'éleva, m'a-t-on dit, à près de cinq cent mille francs. Mesmer, cependant fut bientôt contraint d'aller jouir dans quelque lieu ignoré de la fortune qu'il venait d'amasser à Paris : le bruit s'étant généralement répandu qu'il se passait à ses séances beaucoup de choses indécentes, les doctrines de ce jongleur furent soumises à l'examen de l'Académie des Sciences et de la Société royale de Médecine, et le jugement de ses deux corps savans sur le *magnétisme animal* fut tel, qu'il obligea Mesmer à quitter la France.

Aujourd'hui que les baquets et les petites baguettes de fer ont disparu, nous voyons encore des personnes persuadées que telle ou telle femme qui souvent ne sait pas lire, endormie par un magnétiseur, non-seulement peut vous dire l'heure qu'il est, mais encore deviner votre maladie et vous indiquer le meilleur traitement à suivre. Grand bien fasse ces sibylles somnambules à ceux qui les consultent ; pour mon compte, si j'étais malade, j'aimerais mieux appeler un habile médecin éveillé.

MM. CHARLES ET ROBERT.

J'ai vu monter en ballon les deux premiers hommes qui ont eu le courage de s'élever dans l'air avec une si frêle machine, dont l'invention venait d'être faite très récemment par Mont-golfier. Ces deux hommes étaient Charles et Robert. Ils avaient posé leur ballon sur le grand bassin des Tuileries, et le jour fixé pour l'ascension, une foule telle que je n'en ai jamais vu de pareille remplissait le jardin. Quand on eut coupé les cordes et que le ballon s'éleva majestueusement à une si grande hauteur que nous le perdîmes de vue, l'admiration, la peur pour les deux braves que portait la petite nacelle firent pousser un cri général. Beaucoup de personnes, et j'avoue que j'étais du nombre, avaient les larmes aux yeux. Heureusement on apprit peu d'heures après que Charles et Robert étaient descendus sans aucun accident à quelques lieues de Paris, dans un village, où l'arrivée de ces êtres aériens dut faire une bien vive sensation.

M. Charles était membre de l'Académie des
Sciences et l'un de nos savans les plus distingués. C'était de plus un excellent homme,
aimant la musique avec passion. Il faisait chaque
année dans son magnifique cabinet de physique
des cours extrêmement suivis, non-seulement
par les personnes occupées de sciences, mais
aussi par les gens du monde.

LISTE

DES TABLEAUX ET DES PORTRAITS

QUE J'AVAIS FAITS AVANT DE QUITTER LA FRANCE
EN 1789.

De 1768 à 1772.

1 Ma mère en sultane, grand pastel.

1 Ma mère, vue par le dos.

2 Mon frère en écolier. Un à l'huile, l'autre au pastel.

1 M. Le Sèvre, en bonnet de nuit et en robe de chambre.

3 Monsieur, madame et mademoiselle Bandelaire.

1 M. Vandergust.

1 Mademoiselle Pigale, marchande de modes de la reine.

1 Son commis.

11

1 Ma mère en pelisse blanche. A l'huile.

1 Madame Raffeneau.

1 La baronne d'Esthal.

2 Ses deux enfans.

1 Madame Daguesseau avec son chien.

1 Madame Suzanne.

1 Madame la comtesse de la Vieuville.

1 M. Mousat.

1 Mademoiselle Lespare.

2 Madame de Fossy et son fils.

2 Le vicomte et la vicomtesse de la Blache.

1 Mademoiselle Dorion.

1 Mademoiselle Mousat.

1 M. Tranchart.

1 M. le marquis de Choiseul.

1 Le comte de Zanicourt.

1 M. Bandelaire en buste, au pastel.

___

31

Un grand nombre de têtes d'études et de copies d'après Raphael, Vandyck, Rembrandt, etc.

___

1773.

2 M. et madame de Roisy.

1 M. de la Fontaine.

1 M. le comte Dubarry.

5 M. le comte de Geoffré.

1 M. le maréchal comte de Stainville.

3 Madame de Bonneuil.

1 Madame de Saint-Pays.

1 Madame Paris.

1 M. Perrin.

2 Copie du marquis de Vérac.

1 Une Américaine.

1 Madame Thilorié, buste.

1 Copie de la même.

1 Madame Tétare.

1 Copie de l'évêque de Beauvais.

1 M. de Vismes.

1 M. Pernon.

1 Mademoiselle Dupetitoire.

1 Mademoiselle Baillot.

27

1774.

1 L'abbé Giroux.

1 Le petit Roissy.

1 Copie du chancelier.

1 Copie de M. de la Marche.

1 Madame Damerval.

1 Le comte de Brie.

1 Madame Maingat.

1 Madame la baronne de Lande.

1 Madame Le Normand.

1 Madame de la Grange.

1 M. Méraut.

1 Le vicomte de Boisjelin.

1 M. de Saint-Malo.

1 M. Desmarets.

1 Madame la comtesse d'Harcourt.

2 Mesdemoiselles Saint-Brie et de Sence.

1 Madame la comtesse de Gontault.

1 Mademoiselle Robin.

1 M. de Borelly.

1 M. de Momanville.

2 I

2 Mesdemoiselles Rossignol, Américaines.

1 Madame de Belgarde.

24

1775.

1 Madame de Monville avec son enfant.

1 Madame Denis.

1 M. le comte de Schouvaloff.

1 M. le comte de Langeas.

1 Madame Mongé.

1 Madame Tabari.

1 Madame de Fougerait.

1 Madame de Jumilhac.

1 La marquise de Roncherol.

1 Le prince de Rochefort.

1 M. de Livoy.

1 Madame de Ronsy.

1 M. de Monville.

1 Mademoiselle de Cossé.

1 Madame Augeard.

15

15

1 Copie de madame Dameroal.

1 Madame Deplan.

1 M. Caze.

1 M. Goban.

1 Mademoiselle de Rubec.

1 Le chevalier de Roncherol.

1 Le prince de Rohan père.

1 Le prince Jules de Rohan.

1 Mademoiselle de Rochefort.

1 M. Ducluzel.

2 Le comte et la comtesse de Cologand.

1 Mademoiselle Julie, qui a épousé Talma.

1 Madame Courville.

1 Madame la marquise de Gérac.

1 Madame de la Borde.

1 Mademoiselle de Givris.

1 Mademoiselle de Ganiselot.

1 M. de Veselay.

34

1776.

Depuis mon mariage.

1 La princesse de Craon.

1 Le marquis de Chouart.

1 Le prince de Montbarrey.

1 M. Gros, peintre, enfant.

1 Madame Grant, depuis princesse de Talleyrand.

1 Le comte des Deux-Ponts.

1 Madame de Montbarrey.

1 Un banquier.

2 M. et madame Toullier.

1 La princesse d'Aremberg.

1 M. de Saint-Denis.

12 Monsieur, frère du roi.

2 M. et madame de Valesque.

1 Le petit Vaubal.

1 Madame de Lamoignon.

4 M. de Savalette.

1 Le prince de Nassau.

33

1 Madame de Brente.

1 Milady Berkley.

1 Madame Saulot.

1 La comtesse Potoska.

2 Madame de Verdun.

1 Madame de Montmorin.

1 Sa fille.
_____
41

———

1777.

1 Le marquis de Crevecœur.

1 Le baron de Vombal.

1 Madame Périn.

1 M. Oglovi.

1 M. Saint-Hubert.

1 Madame de Nolstein.

1 Madame de Beaugoin.

2 Mademoiselle Dartois.

1 Madame Le Normand.

1 M. de Finnel.
_____
11

11

1 M. de Lange.

1 Madame de Montlegiëts.

1 Madame de la Fargue.

14

1778.

1 Madame la duchesse de Chartres.

1 Madame de Teuilly.

1 M. de Saint-Priest, ambassadeur.

2 M. et madame Dailly.

2 M. et madame Domnival.

1 Madame Monge.

1 Madame Degéraudot.

1 M. le marquis de Cossé.

1 Le marquis d'Armaillé.

1 Le duc de Cossé.

1 Mademoiselle de Ponse.

1 Monsieur, frère du roi, pour M. de Lévis.

1 Madame la marquise de Montemey. ——

1 Madame de Foissy.

16

16

2 Les enfans de Brongniart.

1 M. de Rannomanoski.

1 Madame de Rassy.

1 Madame la présidente de Bec de Lièvre.

1 Copie d'un portrait de la reine.

2 Madame, femme de Monsieur, frère du
    roi.

1 Copie d'un portrait de madame Dubarry.

1 Mademoiselle Lamoignon.

1 Ma tête.

1 Copie d'un portrait de la reine pour M. Bo-
    quet.

1 Madame Filorier.

—————

29

—————

1779.

1 Le marquis de Vrague.

1 Madame la comtesse de Virieux.

1 La présidente Richard.

1 Madame de Mongé.

—————

4

4

1 Grand portrait de la reine pour l'impératrice de Russie.

2 Bustes de la reine.

2 Copies des mêmes.

1 Madame de Savigny.

2 Là même et son fils.

2 M. et madame de Lastic.

1 Une femme en lévite pour M. de Cossé.

1 Madame Dicbrie.

2 Copies des bustes de la reine.

2 Madame Duclusel.

1 Madame de Verdun.

1 Le comte de Dorsen fils.

2 M. et madame de Montesquiou.

1 Portrait de la reine pour M. de Sartines.

1 Madame de Palerme.

1 Petit Américain.

1 Mademoiselle de la Ferté.

1 Tête penchée pour M. de Cossé.

1 Monseigneur le duc d'Orléans.

1 Madame la marquise de Montellon.

31

31

2 Copies du duc d'Orléans.

2 Copies du grand portrait de la reine, pour M. et madame de Vergennes.

1 Madame de Vannes.

1 Madame la comtesse de Tournon.

1 Le prince de Montbarrey.

_____
38

_____

1780.

1 Madame Lessout.

1 Grand tableau de la reine.

1 *Idem.*

4 Madame de Verdun, sa mère, sa belle-sœur et son mari.

1 Madame la baronne de Montesquiou.

1 Madame de Montaudran.

1 Madame Foulquier.

2 Madame Genty.

1 La duchesse de Mazarin.

_____
13

1781.

1 Tête d'une jeune fille, respirant l'odeur d'une rose.

1 Madame Young.

1 M. le comte de Cossé.

1 Madame la princesse de Crouy.

1 Madame de Saint-Alban.

1 M. de Landry.

2 Portraits de moi.

1 Tête d'étude pour M. le Pelletier de Morfontaine.

1 Tête d'étude pour M. Proult.

3 Têtes d'étude pour M. de Cossé.

1 Monsieur, frère du roi.

1 Copie du même.

1 Madame la duchesse de Chaulnes.

1 Mademoiselle Dumoley.

1 La comtesse Dubarry.

1 Esquisse de mon tableau de Junon.

1 Tête d'étude de ma Vénus.

1 Madame d'Harvelay.

2 1

2 Mademoiselle de la Borde.

1 Mademoiselle Devaron.

1 Madame de Moreton.

1 Madame de la Porte.

1 M. Dumoley fils.

3 La princesse de Lamballe.

1 Copie de M. de Moreton.

31

1782.

1 Madame, sœur du roi.

1 Copie de la même.

1 Madame la duchesse de Polignac.

1 Copie de la même.

1 Le baron de Montesquiou.

1 Madame de Verdun.

1 Madame de Chatenay.

3 Le prince Henry de Prusse.

10

1783.

1 Madame la marquise de la Guiche.

1 Madame Grant.

1 La landgrave de Salm.

1 Madame la maréchale de Mailly.

2 Madame la comtesse d'Artois.

2 Madame la comtesse de Simiane.

2 Madame la duchesse de Guiche.

1 La reine avec un chapeau.

2 La reine en grand habit.

2 Madame Élisabeth.

1 Copie de la même.

1 Mademoiselle Lavigne.

3 Copies de la reine avec un chapeau.

4 La reine en robe de velours.

4 Copies du même.

1 Monsieur le dauphin.

1 Madame, fille du roi.

1784.

1 M. le comte de Vaudreuil.

5 Copies du même.

1 La comtesse de Grammont-Cadrousse.

1 Madame la comtesse de Serre.

1 M. de Beaujon.

—————

9

—————

1785.

1 M. de Beaujon.

1 La princesse de Carignan.

1 Madame Fodi.

1 M. de Calonne.

1 Madame la comtesse de Ségur.

1 Copie de la même.

1 M. le comte de Ségur.

1 Copie du même.

1 Madame la baronne de Crussol.

1 M. de Saint-Hermine.

1 Grétry.

—————

11

11

1 Madame la comtesse de Clermont-Tonnerre.

1 Madame la comtesse de Virieux.

1 La vicomtesse de Vaudreuil.

2 Copies de la reine en grand habit.

1 Madame Vigée.

1 Copie de M. de Calonne.

1 M. de Beaujon pour son hospice.

19

1786.

1 La petite Fouquet.

1 Madame de Tott.

1 Le petit d'Espagnac.

1 La petite de la Briche.

1 Madame de Puységur.

1 Madame Raymond.

1 Madame Daudelot.

1 Madame Davaray.

1 Madame la comtesse de Sabran.

1 Mon portrait avec ma fille.

10

1787.

1 Ma fille lisant la Bible.

1 Madame de Rougé et ses deux fils.

1 Madame Dugazon, dans *Nina*.

1 Cailleau, en chasseur.

2 Ses deux enfans.

2 Ma fille, de profil et de face dans un miroir.

1 Madame de la Grange.

1 Grand tableau de la reine et de ses enfans.

1 Mon portrait.

2 Madame la comtesse de Béon.

1 M. Le Jeune.

3 Monsieur le dauphin, Madame, et M. le duc de Normandie, pour madame de Polignac.

1 La tante de madame de Verdun.

1 La duchesse de Guiche, tenant une guirlande de fleurs.

1 La même, au pastel.

2 La duchesse de Polignac, avec un chapeau de paille.

22

1 La même tenant un papier de musique et
   chantant près d'un piano.

1 Madame de Chatenay la mère.

1 Madame Dubarry en pied.

1 La même en peignoir.

1 Madame de Polignac.

———

27

———

1788.

1 Le duc de Polignac.

1 Son père.

1 Robert, le peintre, pour moi.

1 Madame Dumoley.

1 Madame de la Briche.

1 Madame la comtesse de Beaumont.

1 Le petit baron d'Escars.

1 Le petit prince Lubomirsky.

1 Le même en amour de la gloire.

1 Le petit Brongniart.

1 La marquise de Grollier.

———

11

1 1

1 Le Bailly de Crussol.

1 Madame de la Guiche en laitière.

1 M. d'Angevilliers.

14.

1789.

1 M. de Chatelux, fait de souvenir.

1 M. le duc de Normandie en pied.

1 Madame Péregaux.

1 Madame de Ségur, profil.

1 Grand portrait de la reine pour le baron de
Breteuil.

1 La duchesse de la Rochefoucauld.

1 Petit amour pour M. le Pelletier de Morfontaine.

1 Madame la duchesse d'Orléans.

1 Mon portrait avec ma fille pour M. d'Angevilliers.

1 Madame de Grollier.

10

1 Le Bailly de Crussol.

1 Madame d'Aumont.

2 Madame de Polignac.

2 Madame de Guiche, pastel.

1 Madame de Pienne.

1 Madame de la Châtre.

1 Madame de Fresne-Daguesseau.

1 Le maréchal de Ségur.

1 Madame, et monsieur le dauphin.

1 Robert, peintre de paysage.

1 Petit oval de ma fille.

1 Madame Chalgrin.

1 Mon portrait au pastel.

1 Le portrait de Joseph Vernet, qui est au Musée.

1 Le prince de Nassau en pied.

1 Mon portrait tenant ma fille dans mes bras.

1 Madame Raymond tenant son enfant.

2 Madame de Simiane.

2 Madame Rousseau.

33

33

  1 **M**adame Duvernais.

  1 Madame de Saint-Alban.

  1 Madame Savigni.

  1 Mademoiselle Dorion.

3₇

444 total général.

TABLEAUX D'HISTOIRE.

La Poésie, la Peinture et la Musique.

Une scène espagnole.

L'Amour endormi sous un bosquet de roses, avec deux nymphes qui le regardent.

Une jeune fille effrayée d'être surprise en chemise et se cachant la gorge.

Une jeune fille qui écrit et que l'on surprend.

L'Innocence qui se réfugie dans les bras de a Justice.

Une Vénus, liant les ailes de l'Amour.

Junón demandant à Vénus sa ceinture.

Une bacchante avec la peau de tigre.

La Paix qui ramène l'Abondance.

FIN DU TOME PREMIER.

TABLE

LETTRE III.

LETTRE IV.

LETTRE V.

LETTRE VI.

NOTES ET PORTRAITS.

FIN DE LA TABLE.

www.ingramcontent.com/pod-product-compliance
Lightning Source LLC
Chambersburg PA
CBHW071617220526
45469CB00002B/371